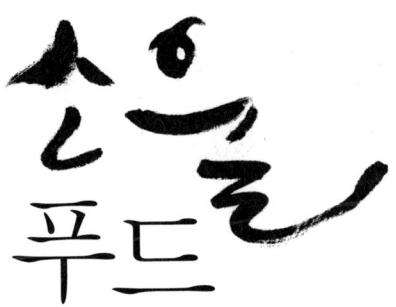

이 도서의 국립중앙도서관 출판시도서목록(CIP)은 e−CIP홈페이지(http://www.nl.go.kr/ecip)에서 이용하실 수 있습니다. (CIP제어번호: CIP2010002298)

술과 문화 이야기 SOUL FOOD

술 푸드

원경은 · 임완혁 지음

한울

삶의 격조와 술의 만남을
생각하게 한다

　명품 악기는 그 연주를 들을수록 더 깊은 맛이 느껴진다. 감동적인 시도 마찬가지다. 명시는 읽거나 읊기를 거듭할수록 더 깊은 맛이 나게 마련이다. 사람마다 취향은 달라도 대체로 기억 속에 오래 간직하면서 흔히 떠올리는 공통적인 시 중에 하나로 박목월의 대표작 「나그네」를 들 수 있을 것이다. "강나루 건너서/ 밀밭 길을/ 구름에 달 가듯이/ 가는 나그네/ 길은 외줄기/ 남도 삼백 리/ 술 익는 마을마다/ 타는 저녁놀/ 구름에 달 가듯이/ 가는 나그네."

　길지 않은 이 시는 술이 사람과 사람, 사람과 자연을 어떻게 멋스럽고 격조 있게 이어줄 수 있는지, 한국의 전통 속에서 술은 어떤 문화적 위상을 지녀왔는지 등을 되새겨보는 단초로서도 충분한 역할을 하고 남는다.

　우선 「나그네」는 박목월이 같은 청록파 시인인 조지훈과 술로 시작된 교유의 인연으로 창작한 명시라는 점부터 그렇다. 1942년의 일이다. 스물여섯 살 청년으로 신라 천년의 고도인 경주에 살고 있던 박목월은 자신보다 네 살 위인 조지훈을 처음 만나 술잔을 기울였다. 조지훈은 생전에 그 추억을 떠올리며 이렇게 털어놓았다. "불국사 나무 그늘에서 나눈 찬 술에 취하여 떨리는 봄옷을 외투로 덮어주던 목월의 체온도 새로이 생각난다. 그리하여 나는 보름 동안 경주에서 머물렀고, 옥산서원의 독락당에 눕기도 하였으며,「완화삼玩花衫」이란 졸시를 목월에게 보내기도 하였다. 목월의 시「나그네」는 「완화삼」에 화답하여 보내준 시이다."

조지훈은 박목월을 만나기 전에 한시「완화삼」을 지었었다. "태봉로석한산우苔封路石寒山雨 주숙강촌난석휘酒熟江村暖夕暉"가 그것이다. '이끼 덮인 돌길에는 산의 비가 차갑게 내리고, 술 익는 강마을엔 저녁노을 따스하다'로 풀이할 수 있다. 조지훈은 박목월과 술잔을 기울인 일을 계기로 이 한시를 바탕으로 재창작한 한글 시에 '목월에게'라는 부제를 붙여 박목월에게 보낸 것이다. "차운 산 바위 위에 하늘은 멀어/ 산새가 구슬피 울음 운다/ 구름 흘러가는/ 물길은 칠백 리 / 나그네 긴 소매 꽃잎에 젖어/ 술 익는 강마을의 저녁노을이여."

「완화삼」이 담고 있는 자연 풍광과 인간 정서가 박목월의「나그네」에 이어지고 있고, 그 창작혼을 뒷받침한 연결고리가 두 시인이 나눈 술 한잔이라고 할 수 있다.

이처럼 술은 인간과 인간, 인간과 자연, 자연과 예술 등을 이어주면서 창작과 창조의 주요 계기나 매개체, 동력, 더러는 원천이 되기도 한다. 시인을 포함한 예술가에게만 그런 게 아니다. 시간과 공간을 뛰어넘어 모든 사람에게 그렇다. 한 사람의 일생을 통한 삶이 만남의 연속이고, 술은 그 자체가 중요한 만남의 대상이면서 다른 많은 만남에도 다리가 된다. '술 한잔 하자'는 말이 친근한 사이는 물론 처음 보는 사이에서도 호감을 나타내는 흔한 인사말로 일상화한 것도 그런 이유다. 단 둘의 오붓한 술자리에서거나 다중이 함께하는 왁자지껄한 회식에서거나, 가벼운 친교의 자리이거나 무거운 협상·논의의 자리이거나 술을 곁들이기 십상일 뿐 아니라 술 이야기로 분위기를 부드럽게 하게 마련인 것도 마찬가지다.

이처럼 술은 예로부터 멋과 여유와 품격 있는 삶과 사고의 영역을 더 넓혀주면서 새로운 생명과 활력 창출·창조의 밑거름이 되기도 하고, 소통과 친교의 든든한 다리 역할을 해오고 있음에도 불구하고 평소에는 그런 사실에 무심하기 쉽다. 애주가일지라도 술맛을 즐길 뿐 술을 문명사와 문화 공동체 차원에서, 또한 전통과 역사적 차원에서 바라보는 시각의 지식과 정보를 접할 기회가 흔치 않기 때문이기도 할 것이다. 오랜 기간에 걸쳐 알게 모르게 확산된 자기비하의 정서 또한 그 요인의 하나일 것으로 보인다. 심지어 한국의 전통술인 소주와 막걸리를 즐겨 마시면서도 아무 근거 없이 서양이나 중국, 일본의 술보다 한 단계 아래인 것으로 오해·비하하는 현상도 없지 않아온 것이 사실이다.

소주·막걸리·약주를 비롯해 일일이 열거할 수 없을 만큼 많은 종류의 술이 풍미해왔고, 그 각각의 술도 고장마다 집안마다 고유한 방법으로 빚어온 사실에서도 드러나듯이 한국의 전통술 역시 고장마다 독특한 맛과 향기와 운치가 풍부하고 다양하기 이를 데 없는데도 그렇다. 일부 다른 나라의 술만 고장마다 다르게 빚어 서로 다른 맛을 내는 장점을 가진 것으로 잘못 알고 있는 사람도 없지 않다.

이는 문화의 차이를 문화의 우열로 착각하는 것과 같다. 앞니 사이가 벌어져 있으면 복이 나간다고 믿어온 한국의 전통적 사고 체계와 그 사이로 복이 들어온다고 여기는 서양의 사고 체계는, 서로 다를 뿐 우열이 있는 것이 아닌데도 한국의 전통을 부정적으로 인식하는 식이다. 품격 있고 자랑스러워해야 할 문화 자산마저 촌스럽고 부끄러워해야 할 면모로 치부하고 마는 일부 현상이 술 문화에서도 예외는 아닌 것이 엄연한 현실이다.

이런 착각·오해·편견 등을 씻어주면서 술이 본질적으로 무엇인지에서부터 삶의 품격과 멋에 어떻게 접목되고 다양한 소통과 교유의 다리 역할을 어떻게 원활하게 하는지에 이르기까지, 흥미로운 일화와 역사적 사실을 곁들여 쉽고 친절하게 소개해주는 책을 만나는 일은 반가울 수밖에 없다. 명곡의 명연주일지라도 음악의 귀와 가슴이 제대로 열려 있어야 감동을 맛볼 수 있는 것처럼, 술의 맛과 흥취 역시 술 문화와 전통에 대한 시각과 시야가 열려 있어야 깊이 느낄 수 있을 것이기 때문이다.

『소울 푸드: 술과 문화 이야기』는 그 시각과 시야를 열 수 있도록 이끌어주기 위해 기획되고 꾸며진 책이다. 애주가에서부터 술을 멀리하는 사람에 이르기까지 한국 문화에 관심을 가진 사람이면 누구에게나 일독을 주저 없이 권하고 싶은 이유다. 박목월과 조지훈이 그랬듯 술 한 잔이 얼마나 크고 오랜 감동, 멋, 격조, 인연 등을 낳고 세상을 움직일 수 있는지를 새삼 되새기게 하는 미덕 또한 덧붙일 만한 이유임은 물론이다.

김종호 문화일보 논설실장

술은
소울푸드다

한국인에게 술은 소울푸드다.
문화적인 미각으로 마시고 감성으로 취하는 것이다.
술을 고를 때, 중요한 건 절대적인 맛이 아니라
거기에 얽힌 추억과 향수다.
한여름 불판 앞이라도 '삼겹살에 소주'가 정겹고
비 오는 날엔 어김없이 '파전에 막걸리'가 떠오르는 것은
바로 문화적인 미각이, 소울푸드인 우리 술을 찾기 때문이다.

만취한 다음 날 아침, 우리는 두통과 속 쓰림을 느끼며 이렇게 생각한다. '당분간 술은 입도 대지 말아야지'. 하지만 안다. 분명 며칠 되지 않아 어제의 용사들과 또다시 술잔을 들고 있을 게 뻔하다는 것을. 술을 끊는다는 것은 때론 사람을 끊는다는 것을 의미하기 때문이다. 물론 사람을 만나서 할 수 있는 일이 음주만은 아니다. 밥을 먹기도 하고 차를 마시기도 하며 영화를 보기도 한다. 그러나 함께 술을 마시는 것만큼 사람 사이를 돈독하고 끈끈하게 하는 일도 드물다. 술자리라는 말은 있어도 밥자리, 차자리라는 말은 따로 없는 것도 그 때문이 아닐까. 술잔 속에는 음식과 음료 그 이상의 수많은 의미가 있는 것이다.

술은 삶의 정취를 더해준다. 가족·벗들을 만나 소박한 이야기가 오갈 때, 중요한 자리에 격식과 의미를 더할 때, 혼자만의 시간을 오롯이 즐기고 싶을 때, 고단한 사회생활의 연장선 속 등등에서… . 그때마다 우리에게 흥을 주고 위로를 주는 것이 술이다. 그래서 누구에게나 술에 얽힌 에피소드나 기행담, 잊지 못할 추억이 존재한다. 주당들이 모이면 술 이야기만 3박 4일 해도 모자라다는 말이 나올 정도다.

우리나라 사람들은 '사람을 제대로 알려면 술을 같이 마셔봐야 한다'고 한다. 술버릇 하나가 사람을 평가하는 중요한 기준이 되는 것이다. 그 때문에 딸이 사윗감을 데려오면 장인 될 사람이 술을 권하는 게 익숙한 풍경이다. 손님이 찾아오면 주안상을 차려 술을 대접하는 것이 우리 민족의 오랜 전통일 뿐만 아니라, 술은 첫 만남의 불편하고 어색한 분위기를 풀어준다. 그런데 미래의 장인이 자꾸 술을 권하는 데는 예비 사위에게 술버릇이 있는지, 속내가 어떤 사람인지 알아보고자 하는 목적도 있다.

우리는 술을 잘 배운, 즉 주도가 바른 이를 보면 가정교육이 잘 되었다거나 사람이 반듯한 것으로 미루어 짐작하곤 한다. 그런가 하면 평소 행실이 모범적인 사람이라 해도 술버릇이 고약하면 가까이하기를 꺼린다. 이처럼 술을 통해 알 수 있는 것은 사람의 감춰진 면만이 아니다. 술은 지역, 사회, 국가, 민족의 전통과 문화를 투영한다.

따라서 무엇을 재료로 만들었는지, 언제부터 마시기 시작한 것인지, 그런 이름이 붙은 까닭은 무엇인지, 술에 얽힌 재미난 유래와 이야기 등등을 알고 나면 술의 맛과 멋이 더욱 깊어지게 마련이다.

한국인들은 술을 많이 마신다. 그러나 술을 즐기며 마시는 사람은 많지 않은 것 같다. 술 또는 음주는 왜곡, 저평가되는 경우가 많고, 부정적인 이미지가 부각되기도 한다. 그런 사실이 안타까웠던지 시인 박정환은 「술」이란 시에서 이렇게 말한다. "세상 사람들아/ 술의 멋을 알고 마시나/ 이태백의 멋을 알고 퍼먹나/ 논개의 멋을 알고 퍼마시나/ 알고 마시면 좋으련만"

우리 술에 대한 우리나라 사람들의 편견은 더욱 심하다. 낭만적인 기분에 도취돼 와인을 마시며 값비싼 위스키에 열광하면서도, 소주는 싸구려 술로 막걸리는 머리 아픈 술로 취급한다. 온 국민의 사랑을 받고 있지만 귀한 대접은 못 받고 있는 것이다.

술을 좋아하는 사람도 술의 진가에 대해서는 무관심하니 평소 술을 즐기지 않는 사람의 오해는 더 커질 수밖에 없다. 또한 무절제하게 술을 마시는 사람들 탓에 술 자체가 금기·죄악시될 때도 있어 애주가는 본의 아니게 억울한 경우가 많다.

술을 이해하는 것은 결국 사회와 문화를 이해하는 일이며 나아가 사람을 이해하는 일이다. 오늘날의 술은 앞선 문화의 상징이자 다양한 종류를 갖춘 기호 식품이 됐다. 경쟁력 있는 국가 브랜드 만들기에 각국의 음식과 술은 항상 함께 등장하고 있다. 스시와 사케, 소시지와 맥주는 서로에게 실과 바늘 같은 궁합 아닌가? 덕분에 일본의 사케는 세계 명주 반열에 올랐고 독일의 맥주 축제는 세계인의 축제가 됐다. 우리 술의 세계화를 이야기하기에 앞서 우리 술에 대한 올바른 이해가 필요한 이유이다.

이 책은 우리 술에 대한 인식의 전환과 올바른 음주 문화 정착을 위해 기획됐다. 선인들이 술을 대하던 멋과 풍류를 배움으로써 술을 마실 때 운치와 품격이 있어야 한다는 것을 느끼길 바란다. 아울러 우리 술의 역사와 종류, 술 문화의 변천, 술을 제대로 즐기는 방법 등에 대해 쉽고 재미있게 소개하고자 한다. 그동안 잘 알지 못했던 술 이야기를 통해 눈, 코, 입을 즐겁게 하는 술의 매력을 새롭게 알게 될 것이다.

술이란 무엇인가? 누구는 알코올이라 하고 누구는 신의 물방울이라고도 한다. 모두 맞는 말이다. 우리 술은 여기에 한 가지 의미가 더 붙는다. 김치와 장醬처럼 술 역시 우리의 민족성이 담긴 음식이기 때문이다. 우리 술은 한국인의 정서가 담긴 음식, 소울푸드다.

♨ 차례

추천사 _4
삶의 격조와 술의 만남을 생각하게 한다

여는 글 _8
술은 소울푸드다

prologue
한 잔의 술

술은 ○○이다 _18
발효의 마술 _24

1 술을 사랑하는 민족

알코올 1퍼센트의 비밀 _30
음주 가무의 피가 흐르다 _33
발효의 시대, 삼국삼주三國三酒 _35
품격 있는 술의 나라, 고려 _38
쌍화점과 최초의 술집 _40
귀족 술, 소주의 탄생 _42
몽골군의 호리병을 따라서 _44

2 집집마다 술 익는 마을

우리 술의 전성기, 가양주 시대 _ 48

마포 공덕리 술도가 _ 51

사시사철 절기주 _ 53

주부의 으뜸 덕목은 술 빚기 _ 58

나라님도 못 말리던 술 _ 60

정숙한 내외주점에서 요염한 기방까지 _ 64

향음주례鄕飮酒禮의 주도 _ 70

3 술과 자연이 최고의 벗

술과 문학 _ 74

술과 명인 _ 94

한국의 주당 VS 외국의 주당 _ 102

술과 명언 _ 117

4 그때 그 술, 추억을 말하다

일제강점기와 우리 술 _ 122

술 권하는 사회 _ 125

대머리집과 명월관 _ 127

'정종=청주'가 아니다 _ 131

해방 후의 변화 _ 134

재래식 양조장의 추억 _ 137

통금의 거리에서 _ 140

포장마차, 도시민의 애환을 싣다 _ 142

낭만이 넘쳐흐르던 명동시대 _ 145
청바지를 입고 통기타를 치며 생맥주를 마시다 _ 148
접대 문화의 상징, 룸살롱 _ 150
술과 노래의 만남 _ 152
고고족에서 클러버cluber까지 _ 154

5 국민주의 탄생과 명주 이야기

불로 세 번 이상 익힌 진한 술, 소주 _ 160
추억의 소주 이야기 _ 163
사투리 따라 소주도 다르다 _ 166
소주 VS 소주 _ 170
하이트맥주 VS 오비맥주 _ 177
캡틴큐와 나폴레온 _ 181
마주앉아 즐기는 와인, 마주앙 _ 184
전통주의 유혹 _ 187
막걸리의 재발견 _ 191
세계 명주를 꿈꾸는 우리 술 _ 196

6 술과 음식의 어울림

요리의 품격을 높이는 술 _ 200
베스트 안주 궁합 _ 206
해장술은 좋을까 _ 208
술, 맛있게 마시는 법 _ 210

7 계영배의 마음

술 동지와 알코올 연줄 _ 214
술은 같이 마셔야 제맛? _ 216
즐기는 술의 시대 _ 218
폭탄주 이야기 _ 220
바른 음주 문화를 위한 지침 _ 222
지구촌 술 문화 _ 224
술과 우리 몸의 신비 _ 232
건강하게 마시는 술 _ 247

epilogue
석 잔의 미학

술 잘 마시는 10가지 방법 _ 258
술, 오해와 진실 _ 260
생활 속 술의 활용 _ 262
재미있는 술자리 건배사 _ 264
세계의 건배사 _ 265
가양주 담그는 법 _ 266
술 용어사전 _ 272

참고 문헌

한 잔 의 술
———

한 잔의 술을 마시고
우리는 버지니아 울프의 생애와
목마를 타고 떠난
숙녀의 옷자락을 이야기한다
박인환, 「목마와 숙녀」

술은 ㅁㅁ이다

술은 생명의 물이다

중세 유럽 사람들은 늘 술에 취해 있었다. 여자, 노인, 아이 할 것 없이 몽롱한 상태로 돌아다니는 사람들이 멀쩡한 사람들보다 더 많았다. 당시에는 오염된 물을 먹고 식중독이나 전염병으로 죽는 사람들이 허다했기 때문에 물보다 술을 마시는 것이 안전했다. 특히 맥주는 수분 함량이 높아 갈증 해소에 가장 적합한 술이었으며 필수아미노산과 미네랄이 함유돼 있어 영양학적으로도 뛰어났다. 그래서 중세 수도원에서 수도사들은 사순절의 단식 기간 동안 빵 대신 맥주를 마셨다고 하며, 병원에서는 환자에게 물 대신 맥주를 권하기도 했다.

술은 사랑의 묘약이다

노르웨이에는 갓 결혼한 부부가 한 달 내내 벌꿀 술을 마시는 풍습이 있었다. 젊은 남녀가 달콤한 술에 한 달 동안이나 취해 있었으니 사랑이 저절로 싹트지 않았을까? 오늘날 신혼여행을 허니문honey moon이라고 하는 것은 바로 여기서 유래한 것이다. 우리나라 전통혼례에도 이와 비슷한 합환주라는 것이 있다. 합환주는 결혼 첫날밤 신방에서 부부가 함께 마시던 술로, 초야의 부끄러움을 덜어내기 위한 방편이었고 결합의 상징이기도 했다. 정실과 홍실로 묶은 표주박에 술을 부어 신랑·신부가 서로 바꿔 마심으로써 '부부의 연을 맺는다'고 생각했던 것이다.

술은 화해의 메신저다

2000년 남북정상회담은 한반도가 분단된 이후 남북한의 정상들이 처음으로 만난 감격적인 자리였다. 당시 김대중 대통령이 평양을 방문하면서 특별히 가져간 것이 바로 돌배 향이 난다는 평양의 민속주, 문배주다. 일제 때만 해도 문배주 양조장은 평양의 주암산 아래에 있었다. 이곳에서 낸 세금이 평양시 전체를 먹여 살릴 만큼 문배주는 엄청난 인기를 끌었다. 그런데 한국전쟁 때 이 양조장 일가가 월남하면서 남쪽으로 전통이 옮겨졌다. 반세기 만에 고향 땅을 찾은 문배주를 받아들고 김정일 국방위원장은 "평양 주암산 물로 담가야 진짜 문배주지"라며 반가움을 표시했다. 문배주는 이날 건배주로 사용됐고 6·15남북공동선언을 이끌어내는 데 한몫했다. 좋은 술이 가진 가치는 이처럼 대단한 것이다.

술은 지적知的이다

심포지엄Symposium이라고 하면 엄숙하고 딱딱한 분위기 속에서 벌어지는 발표나 토론을 연상하게 된다. 국제학술대회, 연구발표회 등등. 그런데 원래 심포지엄은 이런 엄격한 분위기와 거리가 멀었다. 심포지엄이란 말은 고대 그리스어 '함께sym'와 '술을 마시다posium'의 합성어로 그리스인들이 식사 후 술을 마시며 학문·사상·음악·미술 등에 대해 허물없는 대화를 나눈 것을 뜻했다. 즉, 술자리에서 벌어지는 자유롭고 격식 없는 토론회가 심포지엄인 것이다. 심포지엄은 그리스 철학자 플라톤의 저서 중 소크라테스와 여러 학자들이 나눈 대화를 기록한 『향연饗宴』의 원제이기도 하다. 소크라테스의 "너 자신을 알라" 등 우리가 알고 있는 그리스 철학자들의 명언 대부분은 술자리에서 나왔다.

술은 때로 종교보다 강하다

러시아의 국교는 그리스정교다. 그리스정교냐 이슬람교냐를 두고 고민하던 러시아 황제가 "술은 러시아의 기쁨이다. 술 없이는 살 수 없다"며 그리스정교를 국교로 택했다고 한다. 독한 보드카를 일상적으로 즐기며, 기름진 육식을 자주 먹는 러시아인들에게 술과 고기를 금지하는 이슬람교의 원칙은 신앙의 힘으로도 극복하기 어려운 난제였던 것이다. 그런가 하면 우리나라 승려들은 술을 '곡식으로 만든 차'라는 뜻의 곡차, 또는 '지혜의 물'이란 뜻의 반야탕般若湯이라 불렀다. 불교에서 출가한 사람은 술을 마실 수 없었기 때문에 '술이되 술이 아닌' 점잖은 다른 말이 필요했던 것이다.

술은 사람들을 하나로 만든다

제사가 끝나고 나면 제사에 쓴 술 등을 나눠 먹는 음복飮福을 한다. 오랜만에 한자리에 모인 식구들끼리 술을 권하고 나눠 마심으로써 진한 가족애를 느낄 수 있게 한다는 점에서 그 의미가 값지다. 술을 나눠 마시고 난 후에는 자연스레 그동안 쌓인 이야기를 나누기도 하고, 설날 차례 후에는 윷놀이를 하며 흥을 돋우기도 한다. 우리가 회식 자리나 친구들 간의 술자리에서 잔을 들어 건배를 외치는 이유 역시 동질감을 높이기 위해서다.

술은 시인의 바다다

모든 예술가는 항상 취해 있어야 한다. 보들레르(19세기 프랑스의 시인)

마시면 행복하고 깨어날 때의 황폐함, 그 황폐함에 대한 자기 회한과
환멸·연민·허무와 함께하기 위해 마시고 또 마셨다. 그렇게 내 시는
씌었다. 나는 시인에게 깨어 있기보다 취해 있기를 권하고 싶다. 취기
와 광기를 저버리는 것은 시인에게는 죽음이다. 고은(1933~. 한국의 시인)

한 잔의 술이 가진 의미는 헤아릴 수 없이 많다. 술이 좋은 이유, 술
과 관련된 좋은 기억은 오래된 역사를 들추지 않아도 저마다 하나씩
있게 마련이다. 그러나 지나침에 대한 경계심이 워낙 커서 그동안 술
이 주는 감동과 미학은 자유롭게 드러나질 못했다. 아무리 몸에 좋
은 보약도 많이 마시면 독약이 된다는 말이 있듯이 세상에 지나쳐서
나쁘지 않은 것은 거의 없는데도 말이다. 그래서 고려 시대의 학자 이
규보는 술을 경계하면서도 국누룩선생이라 칭했고, 18세기 미국의 정
치가 벤저민 프랭클린은 "술이 나쁜 것이 아니라 과음이 죄다"라고 했
다. 한 잔의 술이 주는 행복은 선뜻 부정할 수 없을 만큼 큰 것이기
때문이다.

발효의 마술

●   술은 발효의 마술이다. 시간은 술을 익게 해주지만 그 모습도 변하게 한다. 물 대신 마셨던 맥주는 세계인의 술이 됐고, 가난한 시인의 밥이었던 막걸리는 신세대를 유혹하는 매혹적인 술이 됐다.

   최초의 술은 자연 발생적으로 탄생했다. 포도처럼 당분이 있는 과실이 자연적으로 발효돼 알코올이 만들어지고 술이 된 것이다. 그렇게 만들어진 술이 원시인들의 생활 속에서 우연히 발견됐다. 처음으로 술을 접한 원시인들은 시큼하고 톡 쏘는 오묘한 맛과 묘한 쾌감이 가져다주는 마력에 빠져들었고 직접 술을 만들어 먹기에 이르렀다. 수렵과 채취 시대에는 나무 열매 등으로 과실주를 만들고 유목 시대에는 가축의 젖으로 젖술을 만들었다. 농경 사회가 열리면서 곡식을 발효시켜 곡주를 만들었고, 기술이 발달된 후에는 위스키·브랜디 같은 알코올 농도가 높은 증류주를 만들었다. 인간의 역사와 함께 술도 진화한 것이다.

   우리는 왜 술을 마실까? 술은 과거 '신이 주신 선물'에서 이제는 '취향에 따라 즐기는 기호 식품'이 됐다. 그러나 과거와 마찬가지로 현재도 사람들은 변함없이 술을 즐긴다. 다 같이 기쁨을 나눌 때도 저 혼자 슬픔을 삭일 때도 어김없이 술을 찾는다. 사람의 마음을 들었다 놓았다 하는 그 힘은 도대체 어디에서 나오는 것일까?

술을 마시면 솔직해지고 과감해지며, 화를 내거나
울분을 토해내기도 하고, 급격히 흥분하기도 하고
침체되기도 한다. 그런가 하면 술은 다른 사람과 친
해질 수 있는 '계기'가 되고 깊이 있는 대화의 '매개'
가 되며 순식간에 동아리를 만들어주는 '도구'가 된
다. 술은 감정에 가깝다고 보아야 할까, 이성에 가깝
다고 보아야 할까?

이 모든 물음에 대한 답을 찾기 위해 술이 무엇인
지 알아보려고 한다. 이제부터 하게 될 우리의 술에
대한 이야기는 술을 통한 우리의 역사·사회·문화,
바로 우리의 자화상에 대한 이야기가 될 것이다.

술이 담긴 외국 속담 1

: 술이 없다면 자리를 마련했다고 할 수 없다 _중국
: 물고기는 세 번 헤엄을 친다. 물과 기름과 그리고 술 속에서 _독일

고대인에게 술은 신이 준 선물 또는 신과 인간을 연결해주는 숭배의 대상이었다. 술을 마시면 사물과의 경계가 사라져 자연과 하나가 된 느낌을 받으며 황홀경에 이르고, 신체의 모든 감각이 마비돼 고통을 덜 느끼게 된다. 고대인은 이 느낌을 신과 접촉하는 순간으로 여기거나 죽음의 세계와 가까워진 것으로 생각했다. 또한 고대 유럽인은 포도주를 신과 동일시했다. 피처럼 붉은 포도주가 생명과 영혼을 상징한다고 믿었기 때문이다.

그리스 신화에는 술의 신, 디오니소스가 등장한다. 디오니소스는 대지의 풍작을 관장하는 신으로 각 지역에 포도 재배와 양조법을 전파했다고 한다. 그는 고대 로마와 그리스 사람들에게 술을 비롯한 문명을 일깨워준 주신酒神으로 추앙받았다. 한편 이집트 신화에는 죽은 자들의 신인 오시리스가 보리로 맥주를 만드는 법을 가르쳤다고 전해진다. 오시리스는 절기에 따라 죽음과 부활을 반복했는데 곡식을 거둘 때 죽고 씨앗을 뿌릴 때 되살아나 풍요와 부활을 상징했다. 또한 구약성서 가운데에는 노아가 포도나무를 심고 포도주를 만들어 마셨다는 구절이 나온다.

최초의
술
신앙이 되다

1

술 을
사 랑 하 는
민 족

—

정성으로 빚고
마음으로 담그며
인내와 끈기를 가지고 내린다.
그리고 오랜 기다림 속에
비로소 익는다.
이것이 우리의 술이다.

알코올 1퍼센트의
비밀

●   술이란 알코올이 1퍼센트 이상 포함된 음료를 말한다. 술의 주성분은 물과 알코올이며 그 외 향미·미량 성분은 0.1퍼센트 미만이다. 그렇다면 1퍼센트 이상의 알코올은 어떻게 생긴 것일까?

술은 '발효'라는 특수한 과정을 통해 만들어진다. 과실이나 곡물을 오래 놔두면 당류가 미생물인 효모에 의해 알코올 발효를 일으킨다. 그 결과 에틸알코올과 탄산가스가 생성되면서 술이 되는 것이다.

독한 술과 순한 술의 기준이 되는 알코올 도수는 에틸알코올의 함량을 나타낸다. 예를 들어 알코올 20도짜리 술이란, 온도가 섭씨 15도일 때 100밀리리터의 술에 20밀리리터의 에틸알코올이 들어 있다는 뜻이다.

알코올 도수는 술을 만들 때 관여하는 '효모'의 양과 주변 환경에 따라 달라진다. 여기서 효모yeast, 이스트라는 말의 어원은 '끓는다'라는 그리스어에서 비롯됐다. 술은 발효될 때 이산화탄소가 나오는데 이것이 술 표면으로 솟아올라 거품이 부글부글 끓는 것처럼 보이기 때문이다. 과실이나 곡물이 술로 변화하기 위해서는 바로 이 효모라는 미생물의 역할이 아주 중요하다. 효모는 먹이인 당과실과 곡물에 함유된 단맛이 나는 성문이 있고 풍부한 산소와 적정한 온도가 유지되는 장소에서 활발하게 증식한다. 이는 약 20분마다 두 배로 늘어나는 격렬한 반응이다. 그러다 산소가 다 떨어지면 증식한 효모가 알코올 발효를 일으켜 과실과 곡물을 술로 변화시키는 것이다.

1.2 발효주
3.4 증류주
5.6.7 혼성주

    술은 제조 방법에 따라 발효주_{양조주}와 증류주, 혼성주 세 가지로 분류한다. 알코올 발효로 만든 술을 발효주라고 하는데 와인, 막걸리, 맥주, 청주 등이 여기에 속한다. 이 발효주에 열을 가해 증류해서 얻은 술을 증류주라고 한다. 와인을 증류한 브랜디, 에일 맥주를 증류한 위스키가 바로 증류주다. 혼성주는 발효주와 증류주를 혼용한 형태의 술 또는 증류주에 과일, 약재 등을 첨가한 술로 매실주, 인삼주 같은 과실주가 해당된다.

음주 가무의
피가 흐르다

● 　　　세계 어디를 가도 달리는 버스 안에서 음주 가무를 즐기는 민족을 찾기란 쉽지 않을 것이다. 지금은 도로교통법으로 버스내 음주 가무와 가요 반주기 설치가 금지돼 있기 때문에 흔히 볼 수는 없다. 그러나 예전에는 단풍놀이 떠나는 관광버스나 결혼식 등 잔치를 다녀오는 버스 안에서, 낮술을 걸치신 어르신들이 단체로 '관광버스춤'을 추는 모습을 자주 볼 수 있었다. 때와 장소를 불문하고 음주 가무를 즐기는 한국인의 열성은 아마도 세계 최고 수준일 것이다. 이런 문화는 어느 날 갑자기 생긴 것이 아니다. 아주 오래 전부터 우리 민족이 술과 가무를 즐겨왔다는 것은 여러 기록을 통해 확인할 수 있다.

고대 국가인 부여, 진한, 마한, 고구려는 제천, 영고, 동맹 등 대규모 행사를 열어 음주 가무를 즐겼다. 삼국유사三國遺事 부여전夫餘傳에는 하늘에 제를 지내는 영고迎鼓 때 술을 마시고 춤을 추었다는 내용이 있고, 한전韓傳에는 마한 시대부터 5월 파종 이후나 10월 추수 무렵에 잔치를 열고 술을 마련해 하늘에 제사를 지냈다는 기록이 있다. 이후 조선 시대에는 마을 잔치에 항상 풍물놀이가 어우러질 만큼 신명은 우리 민족 고유의 특성이었고, 그때마나 술은 신에게 감사하고 흥을 돋우기 위한 필수품이었다.

술에 대한 기록 중 문헌상 가장 오래된 것은 1145년 고려 인종 때 김부식이 지은 삼국사기三國史記로 고구려를 세운 동명성왕주몽의 탄생과 술에 얽힌 전설이 등장한다. 천제의 아들 해모수와 하백의 딸 유화가 술의 도움으로 인연을 맺고 주몽을 낳았다는 것이다. 삼국사기의 고구려 대무신왕 편에는 술을 빚어 그 힘으로 한나라 요동의 태수를 물리쳤다는 이야기도 있다. 잘 빚은 술이 군의 사기를 높여 전쟁을 승리로 이끌 수 있었다는 내용으로 삼국 시대에 주조 기술이 상당히 발달했다는 것을 알 수 있다.

술이 담긴 한국 속담 1

: 반 잔 술에 눈물 나고 한 잔 술에 웃음 난다
남에게 무엇을 주려면 푸짐하게 주어야지 그렇지 않으면 도리어 인심을 잃게 된다는 뜻.

: 죽어 석 잔 술이 생전 한 잔 술만 못하다
죽은 후에 잘 모시는 것보다 살아 있을 때 잘 대접하는 것이 낫다는 말.

: 박한 술이 차보다 낫다
질이 좋지 않은 술이라도 차보다 낫다, 즉 뭔가 부족할 때는 좋지 않은 것이라도 좋게 느껴진다는 뜻.

발효의 시대,
삼국삼주三國三酒

● 일본은 신사神社의 나라다. 신사는 일본 고유의 민족 종교인 신도神道의 신령을 모시는 장소로 현재까지 남아 있는 수만 해도 8만여 개에 이르며, 각 신사마다 다양한 신을 모시는 것이 특징이다. 그중 오사카에 있는 사가 신사는 주신酒神: 술의 신을 모시는 곳으로 이 주신이 우리 조상이라고 전해지고 있다. 일본의 고사기古事記에 따르면 백제인 인번仁番, 수수코리이 일본에 건너와 응신천황應神天皇에게 술을 빚어 대접했다는 것이다. 그 당시까지 일본의 주조 기술은 미약해서 미인주美人酒: 입으로 곡물을 씹어서 담근 술를 빚는 수준에 머물러 있었다. 수수코리가 빚은 태평주는 일본에서 최초로 누룩을 이용해 만든 술이었다. 백제가 일본에 당화·발효 기법을 이용해 술을 빚는 기술을 전해준 것이다. 오늘날 일본의 국주國酒인 사케酒, さけ는 오래전 백제인들이 전수한 양조 기술을 토대로 나온 것이라 볼 수 있다.

산국지三國志이 위지동이전魏志東夷傳을 보면 고구려는 발효의 나라라 할 만큼 술과 간장, 된장 등 발효 음식이 무척 발달했다는 것을 알 수 있다. 고구려는 발효원인 주국과 맥아로 술을 빚는 수준 높은 양조

사케酒, さけ와 '삭히다'

사케멥쌀로 빚은 일본 청주의 어원이 우리말 '삭히다'라는 설이 있다. 과거 백제인이 일본에 건너가 술 제조법을 전하는 과정에서 '익어서 맛이 들다' 즉, 발효를 거쳤다는 의미의 우리말 '삭혀'가 변해 '사케'로 발음하게 됐다는 것이다.

기술을 가지고 있었다. 이러한 선진적인 술 빚기 방법은 중국으로 건너가 곡아주라는 명주를 탄생시켰다. 신라는 고구려로부터 양조 기술을 전수받은 후 통일신라에 이르러 다채로운 술 문화를 형성했다. "한 잔 신라주의 기운이 새벽바람에 쉽게 사라질 것이 두렵구나." 당나라 시인인 이상은季商隱의 시조 중 한 구절이다. 이 작품만 보더라도 당시 당나라 문인들과 귀족들 사이에서 우리 술의 인기와 명성이 얼마나 대단했는지 알 수 있다.

고구려·백제·신라에는 각각 비주라 일컫는 최고의 명주가 있었는데 이를 삼국삼주三國三酒라 했다. 고구려의 계명주鷄鳴酒, 백제의 소곡주素穀酒, 신라의 교동법주校洞法酒가 바로 삼국삼주다. 이 세 가지 술은 현재 우리나라 무형문화재로 지정돼 있다.

고구려의 계명주는 '여름날 황혼 무렵에 빚어 새벽닭이 울 즈음이면 마시는 술'
이란 뜻으로 하룻밤 사이에 익는다고 속성주라고도 했다. 계명주는 찐 차좁쌀
로 만든 순수 곡주로 연한 황색에 은은한 솔 향이 오랫동안 입안에 감도는 술이
다. 고려도경에 "고려인들은 계명주를 빚어 잔치를 하는데, 달고 마셔도 취하
지 않으며 향이 진하다"는 기록이 있으며, 동의보감에는 "혈액 순환을 촉진하고
폐와 위를 보하는 기능이 있다"고 적혀 있다.

삼국삼주
三國三酒

계명주   소곡주   교동법주

백제의 소곡주는 왕실에서 즐겨 마시던 술로 맛과 향이 뛰어나 한번 맛을 보면
자리에서 일어날 줄 모른다고 해서 '앉은뱅이술'이라고도 불렸다. 충남 서천군
의 한산은 예로부터 소곡주로 유명한 곳으로 조선 시대에 과거를 보러 가던 선
비가 한산에서 시간 가는 줄 모르고 소곡주를 마시다가 낙방했다는 이야기가
전해지고 있다. 한산 소곡주는 찹쌀과 멥쌀에 국화, 생강 등을 넣어 빚은 발효
주로 고혈압에 좋다.
신라의 교동법주는 왕과 화랑들이 즐기던 술로 찹쌀과 누룩으로 빚은 맑은 청주
다. 찹쌀 특유의 질감이 느껴지며 연한 등황빛에 깊고 은은하고 부드러운 맛이
일품이다. 경주 교동의 최씨 집안에 그 비법이 대대로 내려오고 있다.

품격 있는 술의 나라
고려

● 　　　고려인들은 술을 무척 좋아했다. 고려 후기에 소주가 전래되기 이전까지 고려인들의 술은 탁주와 청주였다. 맑은술 청주는 귀족들이 즐겼고, 희고 감칠맛 나는 탁주는 서민들이 좋아했다. "일반적으로 고려 사람들은 술을 즐긴다. 서민들은 맛이 투박하고 빛깔이 짙은 것을 마신다"라는 고려도경의 기록을 보아 서민층이 마시는 술은 탁주이며 귀족층과는 구분됐다는 것을 알 수 있다. 탁주와 청주는 어떤 차이가 있을까?

누룩으로 술을 빚으면 원료의 잔유물인 술 찌꺼기술지게미는 가라앉고 위에 맑은술이 뜬다. 여기에 용수싸리나 대오리로 만든 통를 박아 맑은술을 따로 분리하는데 이것이 청주다. 발효를 통해서 얻을 수 있는 양이 탁주에 비해 상대적으로 적은 청주는 귀하고 비싼 술이었다. 그래서 고려 시대에 청주는 특권층이나 귀족층이 마시는 고급술이었다.

반면 가난한 서민들은 걸쭉한 술지게미에 물을 섞은 후 걸러낸 탁주를 마셨다. 이때의 탁주는 오늘날의 막걸리와 비슷한 술이었다. 막걸리라는 말의 '막'은 조잡하다는 뜻이며 '걸리'는 거른다는 뜻으로 막걸리는 '조잡하게 거른 술'을 이른다. 발효주 원액인 청주에 비해 탁주는 술지게미에 물을 타서 만든 술이라 알코올 도수가 낮다. 많이 마셔도 쉽게 취하지 않고 곡식을 원료로 만들기 때문에 영양가가 높아 허기도 달랠 수 있다. 막걸리가 예나 지금이나 모든 이들에게 사랑받는 '서민주'인 것은 이 때문이다.

청주

발효주는 숙성이 진행되면 위에는 맑은술이 뜨고 아래에는 발효 후 남은 원료 찌꺼기가 가라앉는다. 이때 술 윗부분에 싸리나 대오리로 만든 둥글고 길쭉한 통을 박는다. 이것이 용수다. 용수를 박아놓으면 자연스레 여과를 거쳐 그 안에 청주만 모이게 된다.

탁주

술독에서 맑은술을 떠내고 나면 탁하고 걸쭉한 술지게미가 남는다. 여기에 적당량의 물을 섞어 묽게 한 후 며칠 더 숙성시키면 탁주가 된다.

쌍화점과
최초의 술집

● 　　　고려 후기에는 소주가 전래되면서 3대 주종이 완성됐고 술 문화도 크게 발달했다. 궁중에는 술 빚는 관청이 따로 마련됐고 거리에는 술을 전문으로 파는 주점이 생겨났다. 특이한 점은 사찰 중심으로 술 빚기가 발달했다는 것이다. 불교를 국교로 삼았던 고려는 불교가 종교를 넘어 정치적 지도 이념이었고 절은 종교·사회·문화의 중심지였다. 당시 사찰은 여행자들이 머물 수 있도록 잠자리를 제공하는 숙박업을 하기도 했는데 이와 함께 술도 빚어 판매했다. 고려의 사찰은 조선의 주막이나 지금의 호텔과 같은 역할을 한 셈이다. 이는 중세 서양에서 수도원을 중심으로 맥주 문화가 발달한 것이나 교회에서 포도주를 나눠 마시던 것과 비슷하다. 신앙과 술의 끈끈한 관계는 세계 공통인 듯하다.

　기록상 우리나라에 최초로 술집이 등장한 것은 고려 성종 때다. 수도인 개성에는 문 앞에 등을 매달아 오늘날의 간판처럼 주점 표시를 해두고 색실로 입구를 치장한 고급 술집이 있었다고 한다. 이후 숙종 때는 서민들을 위한 술집을 따로 마련했다는 기록도 있다. 고려 시대에 이러한 술집들이 마을마다 보편적으로 있었는지, 어느 정도 활성화됐는지는 자세히 알 수 없다. 몇몇 기록을 통해 짐작하건대 당시 술집들은 민간에까지 보편적으로 자리 잡고 있었던 것 같다. 그 예로 충렬왕 때 지어진 고려가요 「쌍화점」을 보자. 이 작품은 "쌍화점만두가게에 쌍화만두 사러 갔더니만 몽고인이 내 손목을 쥐더이다", "삼장사에 불을

켜러 갔더니만 그 절 지주가 내 손목을 쥐더이다"라
며 각 연마다 다른 장소에서 일어나는 밀애에 대해
서술하고 있다. 그런데 마지막 밀애 장소로 술집이
등장한다.

> 술 파는 집에 술을 사러 갔더니만
> 그 집 아비 내 손목을 쥐더이다
> 이 소문이 이 집 밖에 들락날락
> 조그마한 술 바가지야 네 말이라 하리라
>
> 고려가요 「쌍화점」 중 4연

쌍화점에 나오는 '술 파는 집'을 통해 고려 시대에 서
민들을 대상으로 하는 술도가 혹은 주점이 있었다는
것을 알 수 있다. 이런 내용의 노래가 궁중악으로 임금
앞에서 불렸다고 하니 놀라울 따름이다. 고려는 온 국
민이 술을 사랑한 음주 향락의 시대였던 것 같다.

고려 시대 탁주, 이화주梨花酒

이화주梨花酒: 배꽃술은 고려 시대의
대표적인 탁주다. 이화주라는 향긋한
이름은 술의 재료로 배꽃이 쓰여 붙
여진 것이 아니라 '배꽃이 필 무렵에
담그는 술'이란 뜻이다.
이화주는 빚을 때 물을 넣지 않아 떠
먹을 수 있을 정도로 걸쭉하며 옅은
미색을 띠는 것이 특징으로 흡사 떠
먹는 요구르트처럼 보인다. 이화주는
멥쌀로 누룩을 빚고 떡을 만들어 술
을 빚기 때문에 영양가가 풍부해 고급
약주에 속했다. 여름철에 더위와 갈
증을 씻고 기력을 보충하기 위해 물에
타서 마셨으며, 감칠맛이 나고 알코올
도수가 낮아 아이들에게 젖 대신 먹였
다는 이야기도 전해 내려오고 있다.

귀족 술,
소주의 탄생

● 　　　　　　과실주나 막걸리 같은 발효주는 원료 자체의 특유의 향과 맛을 느낄 수 있다는 장점이 있는 반면 알코올 함량이 낮은 편이어서 온도나 보관법 등 주변 환경에 의해 변질되기 쉽고 오래 두고 먹을 수 없다는 단점이 있다. 이런 면에서 가장 나중에 등장한 브랜디·위스키 그리고 소주와 같은 증류주는 가장 진보한 술이라고 할 수 있다. 증류주는 발효된 술을 증류해 얻는 고농도의 술이기 때문에 알코올 도수가 높고 불순물이 거의 없으며 오래 둬도 상하지 않는다는 장점이 있다.

증류주가 처음 만들어진 것은 고대 아랍의 연금술 실험에 의해서라고 한다. 연금술은 주술적 성격을 지닌 일종의 자연학으로 연금술사들은 물이 수증기로 변하듯이 금속 역시 금으로 변할 수 있다고 믿었다. 비록 금을 만들어내지는 못했지만 연금술사들의 갖가지 기상천외한 실험은 의외의 발견을 가져오기도 했는데 증류주가 그중 하나였다. 연금술사들이 와인이나 맥주를 끓인 후 수증기를 모아 맛을 보자 기분이 좋아졌고 상처에 바르면 소독이 되는 신기한 묘약이었던 것이다. 아랍의 증류법은 십자군 원정을 통해 유럽 곳곳에 퍼져 프랑스인들은 포도주를 증류해 브랜디를 만들었고 영국인들은 맥아를 발효시킨 후 증류해 위스키를 만들었다.

증류법은 아시아의 유목 민족인 몽골족에도 전해졌다. 추운 지역에 살던 몽골족은 이 독하고 쓴 술맛을 너무 좋아해 침략지마다 술 제조

장을 만들었고 호리병에 술을 넣어 허리에 항상 차
고 다녔다. 몽골족은 중국을 손에 넣어 원나라를 건
국한 후 고려를 침략했다. 물론 그들의 허리춤에는
어김없이 술이 든 호리병이 있었다. 이것이 우리에게
소주가 전래된 시초가 됐다.

증류주
발효주를 가열하면 그 안에 있던 수
분과 불순물은 남고 알코올과 향기 성
분들이 먼저 수증기 형태로 빠져나간
다. 이 수증기를 냉각시키면 고농도의
증류주가 된다. 소주, 위스키, 브랜
디, 보드카, 럼, 테킬라 등이 증류주
에 속한다.

몽골군의
호리병을 따라서

● 　　　　13세기에 고려는 원나라의 영향 아래 놓이게 됐다. 술을 좋아했던 몽골족은 전쟁에 승리하자마자 소줏고리를 들여와 주둔지였던 안동, 개성, 제주도에 술 빚는 곳을 만들었다. 이 세 지역이 지금도 전통 소주 명산지로 손꼽히는 이유가 여기 있다. 이로써 고려 후기에 우리나라 3대 주종탁주, 청주, 소주이 완성됐고 우리 술의 틀이 갖춰졌다.

　　　　소주는 술을 증류해 이슬처럼 받아내는 술이라 해서 노주露酒, 불로 빚는 술이라 해서 화주火酒, 맑고 투명해서 백주白酒라고도 했다. 현재 소주의 한자를 보면 燒酒 혹은 燒酎로 쓰는데 여기서 후자의 酎자는 '세 번 고아 증류했다'는 뜻이다. 덧붙여 개성 지방에서는 소주를 아락주라 부르기도 하는데, 이는 아랍인들이 증류주를 아라그Alag라고 했고 몽골인들은 아라키라고 한 것에서 유래된 말이다.

　　　　증류식 소주를 빚는 방법은 소줏고리의 원리를 이해하는 데에서 출발한다. 아궁이에 불을 지피고 가마솥에 밑술탁주 따위의 양조주을 넣은 후 솥 위에 소줏고리를 얹는다. 소줏고리와 솥 사이의 이음새를 밀가루 반죽으로 막아서 수증기가 새어나오지 않도록 한 후 소줏고리 위의 오목한 부분에 찬물을 채

소줏고리

소줏고리는 소주를 증류할 때 사용하는 특수 용기로 아라비아, 중국, 우리나라 지역의 소줏고리는 형태가 거의 유사하다. 이를 통해 증류주가 아라비아 지방에서 중국, 몽골을 거쳐 우리나라로 유입된 것을 알 수 있다.

운다. 불을 지피면 솥 안의 밑술이 데워져서 수증기가 위로 올라가게 되고, 그 수증기가 찬물이 담긴 면에 닿아 이슬처럼 맺히게 된다. 이 작은 이슬들은 알코올 성분이 증발한 술 방울들로 이것들이 한 방울 한 방울 모여 소줏고리 벽을 통해 흘러 긴 주둥이를 타고 떨어진다. 이렇게 똑똑 떨어지는 투명한 술이 증류식 소주다.

술이 담긴 한국 속담 2

: 술은 초물에 취하고 사람은 훗물에 취한다

술은 처음 마실 때부터 취하기 시작하지만 사람은 한참 사귀고 나서야 그 사람의 진면목을 발견할 수 있다는 말.

: 좋은 술에 간판 없다

술맛이 좋으면 주객이 멀리서도 찾아온다는 뜻으로 실력이 있으면 결국 알아보는 이가 있다는 의미.

: 술은 괼 때 걸러야 한다

술은 한참 괼 때 걸러야 가장 맛있는 것처럼, 어떤 일에도 최적의 기회가 있는 것이니 그 때를 놓치지 말아야 한다는 뜻.

2

집 집 마 다
술   익 는
마   을

강나루 건너서 / 밀밭 길을
구름에 달 가듯이 / 가는 나그네
길은 외줄기 / 남도 삼백 리
술 익는 마을마다 / 타는 저녁놀
구름에 달 가듯이 / 가는 나그네

박목월, 「나그네」

우리 술의 전성기,
가양주 시대

독일의 하우스 맥주, 프랑스의 하우스 와인처럼 집에
서 술을 담그는 문화는 우리 민족에게도 있었다. 조선은 가양주家釀酒,
즉 집집마다 술을 담가 마시는 하우스 청주, 하우스 막걸리의 나라였
다. 김치가 지역에 따라 동치미, 백김치, 나박김치, 파김치 등 종류가
다르고 맵고 짠 정도의 차이가 크듯 술맛도 마찬가지였다. 무엇보다도
주부의 손맛에 따라 집집마다 술맛이 달랐다. 그래서 술맛 좋기로 소
문난 집에서는 술을 팔기도 했고, 술맛은 장맛이나 김치 맛처럼 시어
머니에게서 며느리에게로 집안 대대로 대물림됐다.

술의 원료로는 쌀·보리·옥수수·귀리·감자 등 다양한 곡식이 이용됐으며, 사시사철 계절에 따라 술의 종류가 달라 이때의 가양주는 무려 3,000여 종에 달한다는 기록도 있다.

술의 종류는 크게 북부는 소주, 남부는 탁주가 대세를 이뤘다. 이는 북부 지방이 몽골의 지배를 받아 소주 문화권이 발달한 까닭도 있지만, 추운 곳은 고도주를 즐기고 따뜻한 곳은 저도주를 즐기게 되는 기후적인 탓도 있다. 그래서 남주북병南酒北餠, 즉 "남쪽은 쌀로 술을 빚고 북쪽은 쌀로 떡을 빚는다"는 말이 있다.

조선 시대에는 지역마다 특색 있는 술이 있었고 맛이 탁월하기로 소문난 술은 임금에게 진상됐다. 팔도에서 손꼽히던 명주로는 서울의 약산춘, 여산의 호산춘, 충청의 노산춘, 평안의 벽향주, 김천의 청명주 등이 있었다. 또한 소주에 몸에 좋은 각종 약재를 넣은 약소주도 많았다. 그중 전주 이강고梨薑膏는 '소주에 배와 생강을 넣어 고았다'는 뜻으로 울금, 계피, 꿀을 넣은 최고급 약술이었다. 1947년에 발간된 육당 최남선의 『조선상식문답朝鮮常識問答』에는 평양의 감홍로甘紅露와 정읍이 죽력고竹瀝膏 그리고 전주의 이강고가 조선의 3대 명주라고 기록돼 있다.

전주 이강주

이강주는 배와 생강으로 만들어 맛이 달짝지근하면서도 매콤하다. 또한 울금과 꿀을 넣어 술로 인해 혈압이 오르는 것을 막아주고 숙취를 없애주는 훌륭한 건강주다.

가장 널리 퍼진 것은 평양의 감홍로로 소주에 단
맛 나는 재료를 넣고 홍곡으로 발그레한 빛을 낸
것이다. 다음은 전주의 이강고니 뱃물과 생강즙
과 꿀을 섞어 빚은 소주이다. 그 다음은 전라도의
죽력고니 청대를 숯불 위에 얹어 뽑아낸 즙을 섞
어서 곤 소주이다. 이 세 가지가 전날에 전국적으
로 유명하던 것이다. 이 밖에 김천의 두견주, 서울
의 과하주처럼 부분적 또는 시기적으로 좋게 치
는 종류도 여기저기 꽤 많으며 뉘 집 무슨 술이라
고 비전秘傳: 몰래 전함하는 법도 서울, 시골에 퍽 많
았으나 근래 사세에 밀려 대개 없어지는 것이 퍽
안타깝다. 최남선, 『조선상식문답』

김천 과하천 금룡주천 비석
김천의 과하천은 물맛이 뛰어나 술을
빚으면 술맛 또한 훌륭해 술의 샘, 주
천酒泉으로 불렸다.

  술의 저장성을 높이기 위해 혼성주도 만들어
마셨다. 도수가 낮은 약주에 고도주인 소주를 섞어
알코올 도수를 높이는 방법으로 더운 여름에 술을
보관할 때 유용했고 소주에 비해 경제적이었다. 대
표적인 것이 과하주過夏酒다. 지날 과過에 여름 하夏,
이름 그대로 여름을 날 수 있다는 뜻이다. 김천의
과하주가 가장 유명하다.

마포 공덕리
술도가

●   소주는 귀족과 특권층이 주로 마셨던 고급술이었고 약처럼 몸에 좋아 약소주라 할 정도로 귀한 대접을 받았다. 그런데도 그 강한 맛에 이끌려 소주를 빚어 마시는 일은 서민들 사이에서도 유행이었던 것 같다. 조선 성종 때 조효동은 "일반 민가에서 소주를 만들어 마시는 것은 극히 사치스러운 일"이라며 소주 제조를 금지하자는 상소를 올리기도 했고, 성종실록에는 "요즘은 보통의 연회에도 소주를 사용해 그 비용이 막대하니 금지하도록 하는 것이 좋겠다"라는 기록이 있을 정도로 소주의 인기는 대단했다.

특히 지금의 서울 마포구 공덕동과 대흥동 일대의 공덕 마을이 맛있는 소주를 빚기로 유명했다. 노르스름한 공덕리의 소주는 이슬처럼 산뜻한 맛에 몸에도 좋은 술로 사람들의 입에 자주 오르내렸다. 공덕·옹막에 전문적으로 술을 빚는 집이 생긴 것은 16세기 임진왜란 무렵이라고 전해진다. 이후 조선 후기에는 술도가술을 담가 파는 집가 100호까지 늘어났고, 소주를 빚는 데에 연간 1천여 섬에 달하는 엄청난 양의 쌀이 사용됐다고 한다. 공덕·옹막은 독을 굽는 옹기장이 마을로도 유명했는데 아마도 이 일대에 단단한 술독을 빚는 장인과 손맛 좋은 명인이 많았던 것 같다.

공덕 일대에 술도가가 성행한 이유는 한강의 마포나루가 앞에 있어 사람들이 드나드는 주요 길목이었기 때문이다. 나루는 교통의 중심지로 물물교역이 이뤄지고 들고 나는 사람들에 의해 유동 인구가 많은 곳이다. 그 가운데 마포나루는 한강의 대표적인 나루였다. 상인과 나그네는 물론 과거를 보러 고향을 떠나온 선비들에게 이곳 마포의 술도가는 행장을 풀고 여독을 달래줄 술이 익어가는 마을이었다. 조선시대에는 공덕리처럼 사람들의 왕래가 많은 곳을 중심으로 술도가 마을이 형성됐다.

사시사철
절기주

● 　　　우리 조상은 사시사철 계절의 변화에 따라 한 해를 24
개의 절기로 구분하고 나라의 근간인 농사의 기준으로 삼았다. 봄의
시작을 알리는 입춘立春, 봄 농사를 준비하는 청명淸明, 봄비가 내리는
곡우穀雨 등. 이러한 절기 중 크고 작은 명절이 생겨났고 아름다운 세
시 풍속이 전해 내려왔다. 우리 민족은 명절에 특별한 음식으로 상을
차리고 술을 빚어 신에게 감사하며, 자연을 즐기고, 이웃과 따뜻한 정
을 나눴다. 명절 때마다 빚는 술을 절기주節氣酒라고 하는데 각 계절의
산물과 목적에 따라 그 종류가 다양했다.

설날의 세주歲酒

설날은 세초歲初, 세시歲時라고도 했으며 설
음식은 세찬歲饌, 세찬과 함께 마시는 술은
세주歲酒라고 했다. 음력 1월 1일 설날은 새
해의 첫 아침이기 때문에 그 어느 때보다도
옷을 정갈히 입고 경건하게 차례를 지냈다.
차례 상에는 집집마다 직접 담근 술을 올
렸는데 보통 맑은술을 썼다. 차례가 끝나고
나면 술을 먼저 나눠 먹고 음식을 먹었다.
이렇게 술과 음식을 나눠 먹는 일을 음복
飮福이라 한다. 집안의 남녀노소 모두 술을
마셨고 데우지 않은 찬술을 썼다.

정월 대보름의 귀밝이술

귀밝이술은 이명주耳明酒라고도 한다. 음력으로 1월 15일인 정월 보름 날 아침에 오곡밥을 먹기 전 차가운 술을 마시면 한 해 동안 귀가 밝아지고 좋은 소식이 많이 들린다고 했다. 그래서 정월 대보름에는 아침 일찍 일어나 부럼을 까면서 찬술을 함께 마셨다. 귀밝이술은 행운과 건강의 상징이라 여자는 물론 아이들도 조금씩 마셨다. 귀밝이술로는 대체로 맑은술인 청주를 썼다.

삼월 삼짇날의 두견주杜鵑酒

음력 3월 3일은 "강남 갔던 제비가 돌아온다"는 날로 풀이 돋고 꽃이 만개하는 봄날이다. 이날에는 찹쌀가루에 물을 섞어 둥글게 반죽한 후 진달래꽃을 위에 얹어 향긋하게 지진 진달래 화전을 부쳐 먹었다. 이때 진달래 화전과 함께 마셨던 술이 진달래꽃으로 빚은 술, 두견주杜鵑酒다. 삼월 삼짇날에는 두견주와 화전을 들고 가까운 산에 올라 꽃을 보며 가무를 즐기는 화전놀이를 했다.

두견주는 황갈색의 붉은 기운이 돌며 단맛이 강하고 점성이 있으며 신맛과 누룩 냄새가 거의 없고 은은한 진달래 향이 난다. 두견주는 기관지염, 혈액 순환, 이뇨 작용에 좋은 약술이다.

단옷날의 창포주

단오는 계절적으로 초여름의 길목에 접어드는 시기인 음력 5월 5일이다. 이때는 모내기를 막 끝낸 때라 노동 후의 후련함과 풍년을 기원하

는 간절함으로 축제 분위기가 가득했다. 또한 5월은 창포의 향기가 가장 진한 시기로 여인들은 창포를 넣어 삶은 창포물로 머리를 감았으며, 남자들은 마을 한가운데 모여 씨름과 공차기 등을 하고 창포주를 마셨다. 창포의 향기가 악귀와 병을 쫓는다고 믿었기 때문이다. 창포주는 창포 뿌리를 짓찧어서 만든 즙을 이용해 빚는 술로 창포 뿌리는 소화불량과 기관지염에 좋다.

추석 한가위의 동동주

한가위는 삼국 시대부터 내려오는 우리 민족의 가장 큰 명절이다. 이 때는 한 해 농사가 무사히 끝난 것을 조상들에게 감사하며, 맨 먼저 수확한 햇곡식과 과일을 따 두었다가 한가위 음식을 만들고 햅쌀로 술을 담갔다. "더도 말고 덜도 말고 한가위만 같아라"라는 우리 옛말은 추석이 가장 풍성한 명절이었기 때문이다.

추석 술로 가장 유명한 것은 동동주다. 동동주는 술 위에 밥알이 뜬 것이 마치 개미가 동동 떠 있는 듯하다 해서 붙여진 이름으로 부의주浮蟻酒라고도 했다. 옛 문헌에 나타난 부의주 제조 방법을 보면, 누룩가루를 물에 불린 후 찹쌀 고두밥을 넣고 사흘 동안 항아리에 재우면 술이 익어서 말갛게 개미가 뜬다고 했다. 동동주는 약주처럼 맑은 편으로 도수는 막걸리보다 높고 만들기 쉬워 서민들에게 매우 친숙한 술이었다.

중양절重陽節의 국화주

우리 민족은 예로부터 숫자 9를 귀하게 여겼다. 중양절의 중양은 양수陽數인 9가 겹친다는 뜻으로 중양절은 삼월 삼짇날과 더불어 큰 기

일름日이었다. 중양절은 국화가 만발하는 시기로 집집마다 국화를 따다가 국화전을 만들어 먹고 은은한 향의 국화주을 담가 마셨다. 『본초강목本草綱目』에는 국화주가 두통에 좋고 눈과 귀를 밝게 하는 효능이 있다고 적혀 있고, 우리 조상들은 국화주를 마시면 무병장수한다고 여겼다. 풍류를 즐기던 옛 선비들은 국화주를 들고 단풍이 곱게 든 산에 올라 시를 읊조리기도 했다.

동강이 멀리서 보내주신 이 국화주
여인의 눈빛인가 창공처럼 맑네 그려
눈 쌓인 산 마주보며 새벽에 마신 한 잔
앉아 있는 마른 뼈에 봄바람이 일고 있네
정철, 「동강송주東岡送酒」

주부의 으뜸 덕목은
술 빚기

●   조선의 여인들은 집안의 중요한 대소사나 명절이 코앞
으로 다가오면 술 빚기에 온 정신을 쏟아야 했다. 조상에게 올리고 친
지와 손님들에게 대접할 술이라 장 담그기 못지않게 술 빚기는 아주
어렵고 민감한 문제였다. 때문에 집안에서 대대로 내려오는 술 빚는
법은 장 담그는 법과 더불어 며느리에게만 알려주는 시어머니만의 재
산이자 특권이었다. 명문가 규수는 12가지 장 담그는 법, 24가지 김치
담그는 법, 36가지 술 담그는 법을 익히는 것이 필수였다고 한다. 술
빚기가 중요한 건 가난한 서민들에게도 마찬가지였다. 술은 귀한 곡식
을 덜어내 만드는 것이었기 때문이다. 술을 잘 담가 좋은 맛을 내고

오래 두고 먹을 수 있도록 하는 일은 신분의 높고 낮음을 떠나 조선
시대 여인들의 덕목 중 하나였다.

　유서 깊은 가문의 여인들은 후대를 위해 술 담그는 방법을 책으로
기록해두기도 했다. 그중 『규합총서閨閤叢書』는 조선 순조 때 빙허각 이
씨가 부녀자들을 위해 지은 책으로, 훌륭한 여성 생활서일 뿐만 아니
라 실학서로서도 가치를 평가받고 있다. 『규합총서』에는 음식 만드는
법, 옷 짓는 법, 옷감 염색하는 법 등 생활 비법이 한글로 기술돼 있는
데, 술 담그는 비법은 그중에서도 첫 번째로 씌어 있다. 술 빚는 길일
을 시작으로 두견주, 과하주, 소주 등 주종별 제조법은 물론 술이 잘
못 담가져 신맛이 나는 경우 등 상황에 따른 대처법도 기록돼 있다.
당대 부녀자들이 갖추어야 할 요건 중 술 담그기가 얼마나 중요한 것
이었는지 짐작할 수 있다.

　　국화가 흐드러지게 필 때, 술이 한 말이거든 꽃 두 되를 주머니에 넣
　어 술독에 달아두면 향내가 가득하니 매화, 연꽃 등 향내가 있고 독
　이 없는 꽃은 다 이 법을 써라. 꽃을 위에 뿌려도 좋되 유자는 술맛
　이 실 것이니 술 속에 넣지 말고, 유자 껍질을 주머니에 넣어 달고,
　술독 위를 단단히 덮어 익히면 향내가 기이하다. …… 술이 더디 괴
　거든 좋은 술을 가운데 조금 부으면 즉시 괸다. 술에 가지茄 나무 재
　가 들면 변하여 물이 된다. 소주를 여름에 먹거든 꿀을 타고 얼음 한
　소삭을 넣어 급히 저어 먹으면 맛이 좋을 뿐더러 또한 독이 없다. 소
　주를 골 제, 받는 그릇에 불이 가까우면 인화하기 때문에 초항에 당
　기어 불이 나면 끌 수가 없으니, 푸른 보로 덮치면 꺼진다.

　『규합총서』

나라님도
못 말리던 술

●   조선 시대는 가양주 문화가 꽃핀 우리 술의 전성기였
다. 하지만 술 익는 냄새가 온 마을에 퍼지고 찰랑찰랑 술독이 채워지

는 것이 늘 향기롭고 흥겹지만은 않았을 것이다. 예나 지금이나 술은 지나치면 여러 가지 폐단을 일으키는 '신의 물방울'이기 때문이다.

조선의 왕들이 가장 많이 내린 어명은 금주령이었다. 그런데 조선의 왕들이 술을 경계한 것은 '동방예의지국의 수장으로서 풍기문란을 용납하지 않겠다'라는 차원의 문제가 아니었다. 술에 들어가는 원료가 주식인 곡식이라는 것이 결정적인 문제였다. 식량의 확보가 체제의 안정과 직결되는 농경 사회에서 곡식으로 만드는 술은 호사스러운 기호식품이다. 특히 흉년이 들거나 자연재해로 기근이 생긴 해에는 지위의 고하를 막론하고 술 빚기는 당연히 자제해야 할 일이었다. 가난한 서민들은 굶어 죽어가는데 식량을 허비하며 술을 빚는 것은 안 될 일이었기 때문이다. 이 때문에 조선 시대에는 툭하면 금주령이 내려지곤 했다. 가뭄·태풍·병해·전쟁 등으로 풍년보다는 흉년이 더 많았고 자연 특성상 일 년 내내 식량이 풍족할 순 없었기 때문이다. 나라 살림이 어려워지겠다 싶으면 조선의 왕들은 어김없이 금주령을 발동했다. 조선 왕조 500년은 우리 술의 가장 화려한 황금시대였으나 그만큼 치열한 금주령의 역사로도 기록된다.

금주령으로 가장 유명한 왕은 단연 영조다. 영조는 가장 오랜 기간 1724~1776년 왕좌에 있었으며, 재위하는 동안 아주 엄격하고 혹독하며 기나긴 금주령을 시행했다. 일례로 영조는 나라의 가장 큰 제사인 종묘제례에서도 술을 사용하지 않고 감주甘酒: 엿기름을 우린 물에 밥알을 넣어 식혜처럼 식혀서 끓인 음식를 쓰게 했다. 유교 문화권에서 제사 때 술을 올리지 않는 것은 상상하기 힘든 일이었다. 더구나 왕실이 역대 왕들과 왕비들에게 올리는 종묘제례에 술을 올리지 않기로 결정했다는 것은 엄청난 일이었을 것이다. 상황이 이렇다 보니 민간에서도 제사상에 술을 올리지 못하고 물을 떠다 올렸다. 영조 집권기인 53년 동안 금주령을 어긴 자들의 귀향 행렬이 이어졌다고 하니 애주가들에게는 그야말로 고통스러운 암흑의 반세기였을 것이다. 그러나 이러한 왕권 중심의 강력한 통제력으로도 금주령은 결과적으로 큰 효과를 거두지 못했다. 영조가 죽자마자 기다렸다는 듯이 술도가, 헌주가 등 주점이 성행했다. '술은 나라님도 못 말린다'는 말은 그냥 나온 것이 아니다.

술이 담긴 한국 속담 3

: 술 익자 체장수 간다
체는 술을 거를 때 쓰는 도구로, 일이 우연히 잘 맞아떨어지는 상황을 비유하는 말.

: 나쁜 술 먹기가 정승하기보다 어렵다
술을 아무리 좋아하는 사람이라도 변질된 나쁜 술은 먹을 수가 없다는 뜻.

조선 왕조 500년 동안 시시때때로 금주령이 내려졌다고 해도 예외 조항이란 것이 있었다. 술 파는 일을 업으로 삼는 가난한 백성이 파는 술, 늙고 병든 사람이 약으로 먹는 약술, 외국 사신에게 접대로 내놓는 술, 가족이나 친지의 방문으로 필요한 술, 혼인과 제사에 쓰이는 술 등이 그것이었다. 특히 병자의 약용으로 쓰인 약술과 소규모로 술을 팔아 생계를 유지하는 백성들은 눈감아 주었다는 것이 눈에 띈다.

> 태종 때에는 다음과 같은 기록이 있다. "임금이 의정부에 명하였다. 금주령을 먼저 세민細民: 가난한 백성에게 행하고 거가巨家: 문벌이 높은 집안에는 행하지 말라. 또 술을 팔아서 생활의 밑천으로 삼는 자도 있으니 공사연의 음주 이외는 금하지 말라." 또한 세종실록의 기록에 따르면 금주령 기간이라도 부모·형제의 환영 전송, 혹은 늙고 병든 사람의 복약, 또 이런 경우에 술을 매매한 사람은 처벌에서 제외됐고 오로지 놀기 위해 마시는 경우…… 이들에게 술을 판 경우는 모두 처벌 대상이었다.

다소 애매한 판정이 예상되는 예외 조항이긴 하다. 그러나 여기서 중요한 것은 명확한 처벌 범위가 아니라 처벌할 경우와 대상을 가렸던 조선 시대 금주령의 인간적인 면에 있다. 조선의 금주령에는 전통과 예의에 대한 경애심과 가난한 백성에 대한 연민이 깔려 있다. 금주령이 주로 기근이나 흉작 등 국가 재난 시 백성들의 식량 확보라는 공적인 목적에 의해 시행됐다는 것과 왕과 고위 관리들이 먼저 솔선수범해 모범을 보이려 했던 점은 오늘날 우리에게 시사하는 바가 많다.

조선의
인본주의적
금주령

정숙한 내외주점에서
요염한 기방까지

●   집에서 술을 빚는 가양주 문화가 발달한 조선. 그렇다면 술은 집에서만 마셨을까? 집에서 술을 빚기는 했으나 흥청망청 마시기 위해서가 아니라 제사나 명절, 손님 접대 등 필요에 의해 조금씩만 빚는 경우가 많았다. 더구나 지금과 마찬가지로 집 안에 모여 술을 마시려면 바가지 긁는 아내의 눈치 보랴 떼쓰는 아이들 달래랴 제대로 즐기기 어려웠을 것이다. 술 문화가 발달하면서 술을 전문적으로 파는 술도가와 주점이 등장한 것은 당연한 일이었다.

내외주점

내외주점은 몰락한 양반집 부인이나 과부가 하는 술집이었다. 양반가의 여인이 집에서 술을 팔았다는 것이 의아할 수도 있지만 알고 보면 생계를 위해 어쩔 수 없이 나선 딱한 사정이 대부분이었다. 조선 시대에 몰락한 양반집 과부가 돈을 벌기 위해 할 수 있는 일은 거의 없었는데, 물려받은 기와집은 넓고 양반가 대대로 내려온 술맛은 좋았으니 술장사만 한 일이 없었다. 문제는 엄격한 유교 사회였던 탓에 당시의 부녀자들은 외출을 할 때 쓰개치마나 장옷으로 얼굴을 가리고 다닐 정도로 남녀 간의 내외가 심했다는 것이다. 차마 손님 앞에 나설 수가 없었기 때문에 술상을 나르는 것은 남자 시종이 하거나 시종이 없는 경우에는 여주인이 문 사이로 살짝 팔만 내밀어 손님에게 술상을 전했다고 한다. 그래서 이 술집을 내외주점 혹은 팔뚝집이라고 불렀다.

목로주점

목로주점은 서서 술을 마시는 선술집을 일컫는다. 목로木櫨란 '주로 선
술집에서 술잔을 놓기 위해 쓰는 널빤지로 좁고 기다랗게 만든 상'을
뜻한다. 조선 후기의 풍속화가 혜원 신윤복의 〈주사거배酒肆擧盃: 술판이 벌
어지고 잔을 들어올리다〉를 보면 목로주점을 쉽게 상상해볼 수 있다. 신윤복
의 그림에는 술을 따르는 주모만 앉아 있을 뿐 손님들은 모두 서 있
다. 목로 위에 몇 가지 안주가 있고 젓가락으로 안주를 집어 드는 남
자도 보인다. 목로주점은 술을 시키면 안주는 공짜였지만 의자나 탁자
가 없어서 한 잔을 마시든 백 잔을 마시든, 양반이든 평민이든 반드시
서서 마셔야 했다. 때문에 오랫동안 마시고 만취하기보다는 간단히
한두 잔 하는 경우가 많았을 것이다.

바침술집

바침술집은 소규모 술 제조장이자 판매처에 해당한다. 술을 병에 넣어 팔았기 때문에 병술집이라고도 했으며, 간판으로 주등酒燈 대신 간단히 문간 앞에 술병 그림을 붙이고 바침술집이라 써놓았다.

신윤복의 〈홍루대주紅樓待酒〉라는 그림을 통해 바침술집의 존재를 짐작해볼 수 있다. 홍루대주란 '홍루기방에서 술을 기다리다'라는 뜻이다. 그림의 오른쪽 방에 기녀로 보이는 여인 하나와 남자 셋이 앉아 있는데 다들 조용히 무엇인가를 기다리는 눈치로 그중 둘은 초조한 듯 담배를 피우고 있다. 그림의 왼쪽에는 늙은 여인이 한 손에는 아이 손을 잡고 나머지 한 손에는 뭔가를 들고 마당에 들어서고 있다. 여기서 여인이 가지고 들어오는 것이 바로 병술이다. 당시에는 이렇게 바침술집이 곳곳에 있어 술이 필요하면 근처에서 한두 병씩 사다 마셨다.

주막

주막은 조선 전기부터 있었던 것으로 보인다. 초기에는 주점이라기보다 단출한 숙박업 수준이었다. 중기 이후 상공업이 발달하자 교역과 이동이 활발해지면서 상단과 보부상, 여행자들을 묵게 하고 술과 음식을 제공할 공간이 필요해졌다. 그리하여 숙박과 주점을 겸한 주막이 주요 길목과 큰 마을, 그리고 고개마다 생겨났다.

드라마에 나오는 주막을 보면 보통 싸리로 된 울타리 안의 넓은 마당에 평상이 놓여 있어서 주모가 술상을 직접 날라 주는 장면이 심심치 않게 등장한다. 그러나 당시 풍속화를 살펴보면 이와 다른 점이 많다.

실제 주막은 우리가 흔히 생각하는 것보다 옹색했다. 싸리나무로 만든 울타리가 낮게 둘러싸여 있기는 했으나 넓은 마당이나 손님이 기거할 수 있는 별채는 없었다. 손님은 평상이 아닌 땅바닥에 소반을 놓고

용수

색주가는 술을 거를 때 쓰는 용수를 문 밖에 걸어두었다. 간판 역할을 하는 표식인 셈이다.

대충 주저앉아 술과 밥을 먹었다. 비록 허름하기는 했어도 주막은 가장 서민적인 공간으로 오랫동안 호황을 누렸다. 나그네의 여장을 풀게 하고 술 한잔으로 허기를 달래주기에 부족함이 없었던 것이다.

색주가

색주가란 여자가 술을 따르고 노래를 불러 흥을 돋우는 술집이다. 처음에 색주가는 홍제원弘濟院에 몰려 있었다. 홍제원은 지금의 서울시 서대문구 홍제동에 있었던 조선 시대 국영여관으로, 이 지역은 중국으로 가는 연결 도로로 경치가 좋고 서울과 가까워 사신단을 환송하는 임시 거처로 쓰였다. 세종 때 중국에 가는 사신들을 위해 이곳에 색주가가 만들어졌고 이후 큰 거리의 뒷골목과 나루터 근처에 색주가가 생겨나기 시작했다고 한다. 다른 술집들과 마찬가지로 색주가도 밖에서 볼 때 술집인 것을 알 수 있도록 표시를 해두었다. 문 앞에 술을 거를 때 쓰는 도구인 용수에 갓모비가 올 때 갓 위에 걸어 쓰는 모자를 씌워 긴 나무에 꽂아 세우고 그 옆에 작은 등을 달았다.

술이 담긴 한국 속담 4

: 술 먹으면 사촌 기와집도 사 준다
술에 취하면 뒷감당도 못할 호언장담을 하는 것을 말함.

: 술 샘 나는 주전자
술이 끊임없이 샘솟아 나는 주전자라는 뜻으로, 현실에서 전혀 일어날 가능성이 없는 것을 비유하는 말.

서울 광화문 앞 세종로는 과거 육조거리라 불렸던 조선의 정치·경제의 중심지로 입궁하는 신하와 관원, 시전을 오가는 백성들로 항상 번잡했다. 조선의 평민들은 가마나 말을 탄 양반이 지나가면 행차가 끝날 때까지 걸음을 멈추고 바닥에 엎드려 있어야 했다. 때문에 이 길을 지나는 평민들은 몇 걸음 옮기지도 못하고 쉴 새 없이 절을 해야 했다. 결국 평민들은 양반들을 피해 넓은 육조거리를 두고 좁은 뒷골목으로 돌아가게 됐는데 이 길이 바로 피맛골피마길이다. 피마避馬는 말을 피하다, 즉 '양반의 말을 피한 길'이라는 뜻이다.

피맛골은 서울에서 서민들의 왕래가 가장 많은 골목이자 목로주점, 색주가 등 선술집들이 넘쳐나는 대중문화 공간으로 거듭났다. 1930년대 중반에는 술집 수가 200여 개에 이를 정도로 호황을 누렸고 1960년대부터 1970년대까지 서울을 대표하는 주점 골목으로 오랜 시간 동안 많은 사랑을 받았다.

조선의
대표 주점거리,
피맛골

향음주례鄕飮酒禮의 주도

● 　　　우리 선조들은 아주 오래전부터 술을 신성한 음료로 여겨 귀하게 대했으며 지금보다 훨씬 더 아름답고 깊이 있는 음주 문화를 갖고 있었다. 특히 술 마시는 예절, 술자리의 도리를 '주도酒道'라고 하며 중요하게 여겼다.

조선 시대의 대표적인 주도는 중기에 정착된 향음주례를 꼽을 수 있다. 향음주례의 내용은 어른에게 공양하는 자세로 술을 마시고, 자세와 위엄을 흐트러지지 않게 하며, 취하거나 몸을 상하게 해서는 안 된다는 것이다. 중종은 "향음주례는 고년高年: 나이 많은 자을 존중하고 덕이 있는 자를 숭상하며 공경하고 읍양하는 풍속을 익히고 폭란暴亂: 폭력이 난무하는 난리의 싹을 근절시키는 것이니, 경들은 예문禮文을 상세히 고찰하여 때때로 행함으로써 높고 낮음과 어른과 어림을 알도록 하여 이로써 백성이 교화되고 풍속이 이뤄지도록 할지어다"라고 했다. 조선은 적극적으로 향음주례를 권장했고 향교나 서원에서는 일찍부터 어린 학생들에게 이를 가르쳐 올바른 주도를 갖게 했다.

주천酒泉: 술의 샘이란 마을에 국성麴聖: 맑은 술이란 자가 있었다. 국성은 원래 농가 사람으로 넉넉한 덕이 있고 맑은 재주가 있는 사람이었다. 그를 만난 임금은 "그대의 향기로운 이름을 들은 지 오래다"라고 하며 벼슬을 주고 잔치나 제사 등의 일도 도맡게 했다. 그리하여 국성은 국선생이라 불리며 왕의 총애를 받았는데 세 아들인 혹酷: 독한 술, 폭暴: 진한 술, 역醶: 쓴 술이 이를 믿고 악행을 일삼는 바람에 결국 탄핵을 받게 됐다. 이에 세 아들은 자살하고 국선생은 공을 세운 뒤 스스로 물러나 고향에서 죽었다.

이규보, 「국선생전」

고려 시대 최고의 문장가로 꼽히는 이규보의 작품 「국선생전」의 내
용이다. 아무리 좋은 술, 아무리 강직한 신하라 할지라도 지나치게 좋
아하고 신임하면 되레 위험할 수 있다는 교훈이 담겨 있다.

3

술   과
자   연   이
최 고 의   벗
—

하늘이 나로 하여금
술을 마시지 않게 하려면
꽃과 버들이 피지 말도록 하여라
이규보, 「화류花柳」

술과 문학

세상 사람들아
술의 멋을 알고 마시나
이태백의 멋을 알고 퍼먹나
논개의 멋을 알고 퍼마시나
도연명의 멋을 알고 퍼먹나
황진이의 멋을 알고 퍼마시나
알고 마시면 좋으련만
박정환, 「술」

우리의 술 문화에서 주도酒道와 함께 빼놓을 수 없는 것이 바로 풍류風流다. 풍류란 한자 그대로 해석하면 '바람이 흐르다', 사전적으로는 '멋스럽고 풍치가 있는 일'을 말한다. 술 한 잔을 마셔도 멋과 낭만이 있어야 한다는 것이다.

우리의 선조들은 가난한 살림과 신분 제도 속에서도 술을 대할 때 맛과 멋과 운치를 찾고 자연 속에서 여유와 낭만을 즐겼다. 또한 식민지 조국과 분단의 아픔을 겪고 근대화의 물결에 휩쓸릴 때에도 술과 함께 풍자와 해학이 넘치는 모습을 간직했다.

그때마다 술과 더불어 빠지지 않는 것이 문학이었다. 풍류를 즐길 때 술은 시가 됐고, 시대의 아픔을 이야기할 때 술은 소설의 소재가 됐다. 이처럼 문학과 술은 불가분의 관계다. 동서양과 고금을 막론하고 문학 속에, 문인들의 삶 속에 술이 깊숙이 자리하는 까닭은 술이 영혼의 벗이며 문학의 형제이기 때문이다.

풍류 황진이와 윤선도

水如一匹練수여일필련 물은 한 필의 비단

此地即平天차지즉평천 땅은 넓은 하늘 같구나

耐可乘明月내가승명월 차라리 밝은 달 타고

看花上酒船간화상주선 꽃구경하러 술 실은 배에 올랐으면

이백, 「추포가秋浦歌」

'달아 달아 밝은 달아 이태백이 놀던 달아'라는 노래 가사처럼 술과 풍류 하면 가장 먼저 떠오르는 위인은 중국의 최고 시인 이백이태백일 것이다. 예로부터 술은 시적 감흥을 돋우는 최고의 벗이었고, 중국은 물론 우리나라에도 이백과 견줄 만한 시선詩仙들이 많다. 과거 한 잡지사에서 우리나라 역사상 최고의 술꾼은 누구라고 생각하는지 각계 명사들을 대상으로 설문 조사를 한 적이 있었다. 조사 결과 10위 안에 든 위인 대부분이 시인이었다. 모두 술에 대해서 나름 명인이라 칭송받던 애주가들이었는데 그중 1위로 뽑힌 인물은 다름 아닌 황진이였다.

황진이는 조선 중기의 여인으로 뛰어난 미모와 재능을 겸비한 기생이다. 그녀는 비록 기생 신분이었지만 뛰어난 문장과 도도한 성품으로 당대의 수많은 양반, 문인들의 마음을 사로잡으며 숱한 일화를 남겼다. 황진이의 기명妓名은 명월明月, 즉 '밝은 달'이란 뜻으로 달을 무척이나 사랑했던 이태백을 떠올리게 한다. 그래서일까, 명월이란 이름에 걸맞게 황진이는 풍류와 시를 즐길 줄 아는 예술가였다.

황진이에 관해서 우리에게 가장 많이 알려진 것은 벽계수와의 만남과 이때 나눈 시조다. 벽계수는 임금의 친족으로 도도한 성품을 가진 사람이었는데 송도 기방妓房 명월의 명성을 듣고 호기심을 갖게 된다. 그러자 어떤 이가 "명월이를 만나고 싶다면 아이에게 거문고를 들고 뒤따르게 하고, 나귀를 타고 명월의 집 뒤에 있는 누각에 올라 술을 드시며 노래를 부르세요. 소리를 듣고 명월이가 나올 것입니다. 그러면 바로 나귀를 타고 유유히 떠나십시오. 다리를 건널 때까지 절대 뒤를 돌아보지 마셔야 그녀의 마음을 얻을 수 있습니다"라고 말한다. 그의 말대로 누각에 올라 술을 마시던 벽계수는 황진이가 나타나자 짐짓 무시하는 듯한 태도를 보이고는 나귀를 타고 다리를 건너는데, 이때 황진이가 돌아서는 그의 뒤에 대고 시 한 수를 지어 읊는다.

청산리靑山裏 벽계수碧溪水야 수이 감을 자랑 마라
일도一到 창해滄海하면 다시 오기 어려우니
명월明月이 만공산滿空山하니 쉬어 간들 어떠리

'푸른 숲청산리 푸른 물벽계수아 쉽게 가는 것을 자랑하지 마라, 한번 푸른 바다에 이르면 돌아오기 어려우니, 밝은 달명월이 온 세상을 비출 때 쉬어 가는 것은 어떠하냐'라는 뜻으로 풀이만을 보아서는 달빛 아래 흐르는 폭포수의 모습을 노래한 듯하다. 그러나 이 시는 벽계수란 이름과 자신의 기명인 명월을 이용해 '남자의 마음을 흔드는' 절묘한 뜻을 품고 있다. 이 시를 듣는 순간 벽계수는 마음이 동해 그만 뒤를 돌아보다 나귀에서 떨어졌고, 황진이의 비웃음을 사게 됐다고 한다.

황진이를 향한 문인, 예술가, 주당 들의 사랑은 그녀가 죽은 후에도 식을 줄을 몰랐으니 임제의 시가 이를 증명한다.

청초 우거진 골에 자는가 누웠는가
홍안은 어디 두고 백골만 묻혔는가
잔 잡아 권할 이 없으니 그를 슬퍼하노라

　임제는 조선 중기의 명문장가로 시와 노래를 좋아하는 호방한 풍류
가였다. 임금의 명으로 평양 감사가 되어 부임하러 가는 길에 일부러
개성에 있는 황진이의 무덤에 들러 이 시를 지어 올렸다고 한다. 평양
감사라는 높은 직책의 양반이 이미 오래 전에 죽은 기생의 무덤을 찾
아서 술을 권하고 그를 애도하는 명시까지 지은 것을 보면 그 역시 앞
서 간 황진이 못지않은 대단한 풍류 시인이라고 하겠다.

조선의 풍류 시인 중 둘째가라면 서러워 할 사람이 윤선도다. 윤선도는 송강 정철과 함께 조선 시대 시가문학의 쌍벽을 이루는 시인으로, 다방면에 걸쳐 학식이 뛰어나 왕의 두터운 신임을 받았으며 수많은 제자가 그를 따랐다고 한다. 그러나 성품이 대쪽 같고 바른말 하기를 서슴지 않아 탄핵과 모함, 당쟁에 휘말리며 일생을 거의 유배지에서 보내는 비운의 삶을 살았다. 그럼에도 선비로서의 곧은 절개와 맑은 인품은 시를 통해 후학들에게 깊은 감명을 남겼다.

윤선도는 은거하던 보길도와 해남에 연못과 정자를 만들고 숲을 가꾸었는데, 바위 하나하나에 이름을 붙여줄 만큼 자연과 더불어 노니는 것을 즐거워했다. 오죽하면 최고의 벗은 자연이라 할 정도였다. 「오우가五友歌」, 즉 다섯 벗에 대한 노래는 자연을 사랑한 그의 맑은 마음을 느낄 수 있는 시다.

내 벗이 몇인가 헤아려보니 수석水石과 송죽松竹이라
동산에 달 떠오르니 그것은 더욱 반가운 일이로다
두어라 이 다섯밖에 또 더하여 무엇 하리

또한 「산중신곡山中新曲」이란 작품에서는 정자에 앉아 술잔을 들고 산을 바라보는 즐거움이 그리운 친구가 찾아오는 것보다 더 좋다고 했다. 윤선도 역시 자연을 벗 삼아 술을 즐기던 조선의 이태백이었던 것이다. 애주愛酒의 높은 경지에 오른 자만이 안다는 독작獨酌의 즐거움, 홀로 술을 마시는 맛과 멋이 느껴지는 시다.

잔 들고 혼자 앉아 먼 뫼를 바라보니
그리던 님이 오다 반가움이 이러하랴
말씀도 우움도 아녀도 못내 좋아하노라

윤선도의 시조 외에도 우리 문학 작품 중에는 이처럼 맑고 청량한 바람이 느껴지는 듯한 풍류를 소재로 한 것이 많다. 그중 하나가 조선 시대 시조의 대가로 불리는 이정보의 작품으로, 윤선도의 「산중신곡」에 드러나는 독작의 즐거움과는 달리 외로움과 그리움이 묻어나는 시다.

꽃 피면 달 생각하고 달 밝으면 술 생각하고
꽃 피자 달 밝자 술 얻으면 벗 생각하네
언제면 꽃 아래 벗 데리고 완월장취玩月長醉하려뇨

꽃이 피는 좋은 계절이 오면 밝은 달이 떠오르는 밤이 좋고 자연스레 술이 생각난다는 대목에서 풍류가 넘친다. '완월장취'란 달을 벗 삼아 즐기면서 거나하게 취한 기분으로 오래도록 노닌다는 뜻이다. 그런데 이처럼 꽃과 달빛, 술잔을 앞에 두고 있다면 콧노래가 절로 나올 만도 할 텐데 기약 없는 '언제'를 생각하며 쓸쓸해하는 까닭은 무엇일까? 꽃 피고 달 밝은 밤, 술을 보니 진심을 나누던 벗이 그리워졌기 때문이다.

이성보가 이 시를 지을 땐 아마도 친근한 벗이 멀리 있거나 오랫동안 만나지 못해 그리운 마음이 가득했고, 좋은 정취를 벗과 나누지 못하고 혼자 술을 마시는 것이 못내 아쉬웠던 것 같다. 이런 술자리의 기분은 아마도 누구나 느껴보았을 것이다. 어린 시절 친하게 지내던

동무가 문득 보고 싶은 때가 있는가 하면, 바쁘게 사느라 친근한 친구와 술 한 잔 기울일 여력이 없다고 한탄에 잠기는 때도 있다. 또 헤어진 연인을 잊지 못해 이별의 슬픔 속에 홀로 술잔을 기울일 때도 있

다. 풍류 속의 독작은 멋스러운 일이나, 때에 따라서는 혼자 보기 아까운 정취나 무상한 시간으로 인해 외로움이 더할 수도 있는 법이다.

> 술이 몇 가지요 청주와 탁주로다
> 먹고 취할 선정 청탁이 관계하랴
> 달 밝고 풍청한 밤이니 아니 깬들 어떠리

맑은술인 청주든 탁한 술인 막걸리든 마시고 취하는 데에는 가릴 것 없이 좋다, 달빛은 밝고 바람이 불어 구름 없는 맑은 하늘이니 이대로 술이 깨지 않아도 좋겠다라는 내용이다. 이 시를 지은 신흠은 조선 시대 인물로 어릴 적부터 총명하고 문장력이 뛰어났다고 한다. 선조의 총애를 받았던 신흠은 선조가 죽고 광해군이 왕위에 오르자 좌천돼 귀양을 떠난 적이 있었다. 그의 귀양지는 춘천의 소양강 근처였는데 이때 이곳에서 많은 시를 지었다고 한다. 소양강은 뛰어난 경치로 지금도 많은 관광객이 찾는 명소다. 정권이 바뀌며 왕의 미움을 사시골로 보내졌지만, 아름다운 경치를 보며 그간의 지친 심사를 달래고 좋아하는 책도 보게 됐으니 학자로서는 호시절이었을 수도 있다. 그러니 시의 내용처럼 늦은 밤 호젓하게 호숫가에 앉아 밝은 달과 맑은 밤하늘을 바라볼 때 시간이 멈췄으면 좋겠다는 심정이었을 것이다. 그래서 아름다운 풍경 앞에서는 비싸고 고급스러운 청주나 서민들이 즐기는 탁주나 상관이 없다는 말이 절로 나왔던 것이나. 이는 권세를 누리며 부귀하게 살든 시골에서 남루하게 살든 관계없다는 뜻으로도 들린다. 자신의 처지를 한탄하지 않고 풍류를 즐길 줄 아는 선비의 청빈한 마음을 엿볼 수 있는 작품이다.

해학 김삿갓과 춘향전

방랑 시인 김삿갓본명: 김병연은 스무 살 때 과거 시험에 장원으로 급제한 수재였으나 모든 것을 버리고 평생 전국을 떠돌아다녔다.

　김삿갓 하면 술과 시를 제일 먼저 떠올릴 만큼 그에겐 술에 관한 일화들이 많다. 그중 김삿갓의 재치와 됨됨이가 돋보이는 이야기가 있다. 어느 날 고개를 넘던 김삿갓이 주막에 들러 탁주 한 사발을 시켰다. 그의 초라한 행색을 본 주모는 상하기 직전의 술을 갖다주었다. 시큼하게 맛이 간 술을 받아 마신 김삿갓은 술값인 두 닢보다 두 배나 많은 돈을 내며 말했다. "두 닢은 탁주 값, 나머지 두 닢은 초 값이라."

「주막에서嘆飮野店」는 해 질 녘 주막에서 술로 허기와 외로움을 달래던 방랑 시인 김삿갓의 해학과 풍류를 엿볼 수 있는 시다.

> 천릿길을 지팡이 하나에 맡겼으니
> 남은 엽전 일곱 푼도 오히려 많아라
> 주머니 속 깊이 있으라고 다짐했건만
> 석양 주막에서 술을 보았으니 내 어쩌랴

　김삿갓이 사랑했던 공간이자 애주가들의 입담이 펼쳐지고 술독에 인심이 넘쳐나던 주막은 술 좋아하던 문인들의 단골 소재로 등장한다. 특히 극작가였던 이서구의 1967년 저서 『세시기歲時記』에는 주막 풍경이 상세히 그려져 있어 과거 주막의 정겨운 모습을 고스란히 살필 수 있다.

> 서울과 영남을 가로 지른 문경聞慶새재는 천험지지天險之地라서 소리에
> 도 나오는 곳, 과것길에는 반드시 넘어야 하는 고개였다. 새재 어귀

에는 주막이 즐비했다. 천하제일관第一關이라 일컫는 주흘문主屹問은 지금도 남아 있거니와, 관문 셋을 지나야 겨우 충청도 괴산槐山 고을로 빠져나가게 되는지라, 해꼬리가 조금 남았어도 대게는 주막에서 자게 마련이다. …… 주막거리란 별별 사람이 다 모이는 곳이요, 반드시 지나가야 할 길목이라서, 날이 새면 붙어나는 건 화제이다. 도망가던 과부가 장돌뱅이에게 붙들리는 곳도 주막거리다. 장가들고 돌아가는 신랑의 꽃 같은 신부를 산적山賊이 가로채는 곳도 주막거리 뒷골목이다. 상감上監께 바칠 봉물封物 바리를 터는 엄청난 도둑도 주막거리에서 흔히 보는 일이요, 서울 소문을 제일 먼저 듣는 곳도 주막거리다. 지금으로 치면 역전 광장이나 버스 타는 넓은 마당 같아, 인종이 들끓는 것은 매일반이다.

그런가 하면 서민적인 주막의 풍경과는 달리 술이 사치와 부패의 상징으로 등장하는 작품도 있다. "금동이에 담긴 좋은 술은 일천 백성의 피요, 옥쟁반에 담긴 아름다운 안주는 일만 백성의 기름이라. 촛농 떨어질 때 백성의 눈물 떨어지고 노랫소리 높은 곳에 백성의 원망소리 높다."『춘향전』에서 가장 유명한 대목 중 하나로 암행어사 출두 전에 이몽룡이 사또에게 전한 글이다.『춘향전』에서 술은 탐관오리의 탐욕을 상징하는 금동이의 술로 등장하기도 하고, 광한루에서 이몽룡이 춘향을 보고 첫눈에 반하게 만드는 매개체로 나오는 등 곳곳에 등장해 웃음과 재미를 더한다.『춘향전』의 이본異本인『남원고사』에는 월매가 술상을 거나하게 차리는 내용이 있다.

춘향어미 주효酒肴 진지 갖출 때에 팔모접 은대모반瑇盤에 통영소반小盤, 안성유기鍮器, 왜화기, 당화기, 산호반, 순금천은, 각색 기명器皿 벌여놓고 갖은 술병 곁들였다. …… 도처사의 국화주, 이한림의 포도주, 산림은사 죽엽주, 마고선녀 연엽주, 안기생의 자하주, 감홍로, 계향주, 백화주, 두견주, 이강고, 죽력고, 안주사이 어두봉미魚頭鳳尾 놓아 있고, 염통산적 양볶이며, 신선로에 전골이요, 생치다리 통구이며, 연계찜을 곁들이고, 송강 노어회를 치고, 각관 포육 편포로다. 문어 전복 봉삭이고, 밀양 생율 깎아놓고 함창 건시 접어놓고, 청실내며 황실내며 유자, 석류 곁들이고, 두귀발족 송편이며, 보기 좋은 백설기, 먹기 좋은 꿀설기, 맛 좋은 두텁떡, 경첩한 화전, 산승송기 조악 갖은 웃기 고여 놓고, 민강사탕, 오화당 용안 예지 당대초며, 동정 금귤이 더욱 좋다. 청동화로 백탄 숯에 다리쇠를 걸어놓고 평양숙통 쟁갑이에 능화주를 불한불열 데워놓고 노자작 앵무잔에 가득 부어 들고 갖가지 교태로 권할 때에……

사위가 된 양반가 도령 이몽룡을 맞아 기쁜 마음으로 술상을 차려 올리는 장모의 이바지가 대단하다. 이 술상에는 신선로, 찜, 구이 등 안주가 서른하나, 술은 열두 가지나 된다. 온갖 산해진미는 물론 술병 과 술잔 역시 아주 호사스럽다. 아무리 '사위 사랑은 장모'라지만 넘치는 허세에 헛웃음을 지을 수밖에 없다.

절재 정철과 이익

조선 시대 시가 문학의 거목으로 불리는 송강 정철은 술과 관련된 시를 많이 남겨 술과 문학, 술과 풍류를 이야기할 때 빼놓을 수 없는 인물이다. 정철이 대사헌을 지낼 때 그를 시기하고 질투하던 관리들은 평소 정철이 술을 좋아하는 점을 트집 잡아 조정에서 물러나야 한다며 임금에게 간청한 적이 있었다. 그러나 그의 재주를 아끼던 임금은 오히려 "정철이 술을 좋아하는 것은 사실이나 이를 가지고 시빗거리로 삼으면 안 된다. 정철은 곧은 위인이다. 단지 바른말을 잘해 미움을 살 뿐이다"라며 두둔했다고 한다.

그러나 정작 정철은 술을 빌미로 자신을 몰아내려는 세력이 있거나 말거나 술 좋아하는 것을 멈추지 않았던 것으로 보인다. 그의 작품들은 술과 뗄 수 없는 관계이기 때문이다. 친구의 집에 술을 마시러 갔던 일을 적은 시를 보면 애주하는 표현이 천진난만함이 느껴질 정도로 익살스럽다. 어느 날 정철은 고개 너머 성씨 성을 가진 친구 집의 술이 익었다는 이야기를 듣고 그 벗과 술잔을 기울일 생각에 신이 난다. 그래서 누워 있는 소를 발로 차서 깨운 후 안장까지 올려 타고는 친구 집 앞에 도착해 머슴 아이에게 자신이 왔다고 소리친다는 내용이다. 저마다 집에서 술을 담가 마시던 시절, 제 집의 술이 익으면 절친한 벗이나 이웃을 불러 나눠 마시던 한국적인 정감이 느껴진다.

재 너머 성권농成權農 집에 술 익었단 말 어제 듣고
누운 소 발로 박차 언치 놓아 지즐타고
아해야 네 권농 계시냐 정좌수鄭座首 왔다 일러라

정철의 가장 절친한 동무는 동갑내기였던 율곡 이이였는데 이이가 죽자 정철은 이듬해 관직을 버리고 낙향해 시 짓기에 몰두했다. 고향 땅의 자연에 파묻혀 떠나간 벗을 그리며 시를 지을 때 술은 위로가 되

고 동무가 됐다. 그 때문인지 정철의 권주가인 「장진주사將進酒辭」는 오늘날까지도 많은 애주가들의 감탄을 자아낸다.

> 한 잔 먹세그려 또 한 잔 먹세그려
> 꽃 꺾어 산算 놓고 무진무진 먹세그려
> 이 몸 죽은 후에 지게 위에 거적 덮어
> 졸라 메여 지고 가나
> 화려한 꽃상여에 만 사람이 울며 가나

죽으면 거적으로 덮이나 꽃상여로 떠나는 것이나 매한가지이니 무조건 술을 많이 먹자고 권하는 것 같다. 그러면서도 술 한 잔을 마실 때마다 꽃을 꺾어 셈을 한다. 마신 잔 수를 꽃으로 헤아리는 데에서 정철의 절제미를 엿볼 수 있다. 술을 마셔도 과하지 않게 즐기는 정철의 성품과 인생에 대한 관조적인 태도가 돋보이는 시다.

나아가 주도를 중시한 우리의 옛 선조들 중에는 술을 즐기되 절제하며 마셔야 함을 강조한 인물이 많다. 특히 이익은 조선 후기의 대표적인 실학자로서 술과 음주에 대한 생각도 다분히 현실적이고 절제된

면모를 보였다. 그의 대표적인 작품 『성호사설星湖僿說』에는 음주에 관한 다음과 같은 문장이 있다.

> 우리 당형堂兄: 사촌형 소은素隱 선생은 술잔을 드리면 반드시 오래도록 조금씩 마시는데, 마치 고기를 씹는 것처럼 하면서 이르기를 "술이란 맛으로 마시는 것이고 꼭 취하기를 위해서가 아니다. 만약 장시간 앉아 큰 잔에 부어서 한숨에 들이켜기를 마치 한낱 대추를 그냥 삼키는 것처럼 한다면, 이는 다만 배만 채우려는 것이니 무슨 취미가 있겠는가? 대개 지금 술 마시는 자들은 모두 객기에 쏠려서 많이 마시는 것만으로써 쾌하게 여기니, 이는 취미로 마시는 것이 아니다. 비유해 말하면 지금 여기에 산적이 있는데 온점을 입에 넣고 한 번 씹고 삼킨다면 흙이나 숯을 씹는 것과 무엇이 다르겠는가? 고기에 좋은 맛이 있는 것은 오래 씹은 다음이라야 알게 되는 것이다. 속담에 '고기를 먹을 때는 씹을수록 더욱 맛이 난다' 하였으니, 술 마시는 법도 이와 같은 것이다" 하였다. 이 소은 옹의 말은 오직 술에 대한 취미만을 의미한 것뿐 아니라 너무 지나치게 마시는 폐단을 막으려고 한 것이다.

모든 사회 문제에 비판적인 시선을 갖고 실용적인 면을 추구했던 이익은 음주에 관해서도 같은 입장을 고수해 술의 해악을 강조했다. 술이 없던 시대도 나라는 잘 다스려졌으며, 종묘 제사에 술을 올리지 않아도 조상을 섬기는 마음만 있다면 백성을 사랑하는 선왕先王은 이를 이해할 것이라 한 것이다. 심지어 자손들에게 "내가 죽거든 제사에 술을 쓰지 말라"는 유언을 할 정도로 음주에 엄격했다.

이익도 젊었을 때에는 술을 즐겼다. 그러나 나이가 들면서 술을 입에도 대지 않게 됐다고 하는데 그 이유는 백성들의 건강과 나라의 재정 등을 염려해 솔선수범하고자 한 것이었다. 다소 엄격한 태도를 갖기는 했으나 지나친 술은 몸과 마음을 망친다는 이익의 당부는 많은 시간이 지난 오늘에도 되새길 만하다.

애주 황희와 천상병

세 유생儒生이 모여 독서하는데, 어떤 사람이 쌀을 보내왔다. 한 사람은 술을 좋아하고, 한 사람은 밥을 좋아하고, 나머지 한 사람은 떡을 좋아하였다. 그래서 세 사람이 글을 지어 승부를 가리기로 하였다. 떡을 좋아하는 사람이 "사온 술은 먹지 않고 때 아니면 먹지 않는다" 하였고, 밥을 좋아하는 사람은 "술은 위의威儀를 손상시키고 떡은 배를 채울 수 없다" 하였다. 술을 좋아하는 사람은 "어린애는 떡 달라 울고 굶주린 사람은 밥을 찾는다. 옛날 요堯임금은 천 사발의 술을 마셨고, 순舜임금은 백 잔을 마셨으며, 우禹임금은 마시고 달다 하였고······뿐만 아니라 하늘에는 주성酒聖이 있고 땅에는 주천酒泉이 있으며, 고을에 주향酒鄉이 있고, 신선에 주선酒仙이 있으니 예로부터 오늘날에 이르기까지 모두 술을 찬양하였지, 떡과 밥에 관한 말은 한마디도 없다" 하였다.

이래서 술을 사게 되어 좋아하니, 떡을 좋아하는 사람은 냄새만 맡고 취하였으며, 밥을 좋아하는 자는 잔을 잡더니 쓰러지고, 술 좋아하는 사람은 가득 찬 잔을 당겨 술기운이 오르도록 마시며 몹시 즐거워하였던 것이다. 권별, 『해동잡록海東雜錄』

세 명의 유생이 각자가 좋아하는 떡과 밥, 술을 가지고 무엇이 더

나은가 글쓰기 내기를 했는데 술을 좋아하는 사람이 이겼다는 내용
이다. 예로부터 술을 찬양하는 말은 그 무엇과도 비교할 수 없을 정도
로 많았다는 것이 승리에 주요하게 작용한 것이다. 이처럼 술을 사랑
하는 위인들과 이에 관한 일화, 예술 작품은 수도 없이 많다. 애주가
의 역사는 술의 역사와 더불어 생겨난 것이기 때문이다.

> 대추볼 붉은 골에 밤은 어이 떨어지며
> 벼 벤 그루에 게는 어이 내리는고
> 술 익자 체 장수 돌아가니 아니 먹고 어이하리

조선 초 정승을 지낸 황희가 쓴 시조다. 청렴하고 검소했다고 알려진 바와 같이 그의 맑고 소탈함이 전해진다. 가을이 풍성해져 대추와 밤이 익어 떨어지고, 벼를 벤 후에는 논게가 살이 쪄 맛이 나는데, 막걸리를 거를 때 쓰는 체를 파는 장수가 오니 술을 마시지 않을 수 없다는 내용이다. 가을의 풍요로운 한때와 술을 사랑하는 사람의 낭만을 느낄 수 있는 시다.

황희는 세종이 가장 신임했던 재상으로 조선의 태평성대를 연 공신이다. 술버릇을 보면 그 사람을 알 수 있다고 하는데 황희는 고매한 인품만큼이나 술을 즐기는 자세 또한 여유롭고 순수하지 않았을까 싶다.

1960년대의 우리 문단에는 막걸리를 사랑하다 못해 찬양한 유명한 작가가 있었으니 바로 '막걸리 시인'으로 불리는 천상병이다. 밥 대신 막걸리를 마셨다는 문단의 기인, 천상병은 명동시대를 주름잡던 명사로 술 이야기에 빠지지 않고 등장하는 인물이다. 허름한 차림에 항상 술 냄새를 풍기고 다니는 괴짜인 데다 어찌나 막걸리를 좋아했는지 술도 늘 막걸리만 마셨고 막걸리를 극찬하는 시도 많이 썼다.

천상병은 아는 사람을 만나면 손바닥부터 내미는 것이 인사였다고 한다. 돈 있으면 막걸리 한두 잔 값만 달라는 의미였다. 다짜고짜 돈을 달라는 무례한 인사가 통할까 싶지만 천상병은 이 방법으로 늘 술을 얻어 마시고 다녔다고 한다. 그래서 그와 함께 다니면 술이 떨어지는 법이 없었고 재치와 풍자가 넘치는 그의 이야기를 덤으로 들을 수 있었다.

「비오는 날」이란 시는 '문단의 마지막 순수시인'이라 불린 천상병의 아이 같은 순진무구함과 막걸리를 사랑하는 마음이 물씬 드러난다.

아침 깨니 부실부실 가랑비 내린다

자는 마누라 지갑을 뒤져 백오십 원을 훔쳐

아침 해장으로 나간다

막걸리 한 잔 내 속을 지지면

어찌 이리도 기분이 좋으냐

가방 들고 지나는 학생들이 그렇게도 싱싱하게 보이고

나의 늙음은 그저 노인 같다

고독과 낭만 _{이봉구}

되도록 혼자서 으슥한 뒷골목 술집을 찾아 들어가 술을 마시며 멍하
니 앉아 있는 버릇이 3년 전부터 생겼다. 아는 사람을 만나 잔을 나
눈대야 신경 쓰기에 몸만 달고, 헤어져 돌아오는 길은 더욱더 허전해
서 되도록이면 혼자 밤을 즐기기로 한 것이다. …… 이 허무와 고독
의 밤거리에서 나는 어쩔 수 없도록 치미는 외로움에 못 견디어 아
무 데고 술집을 찾아 뛰어들다가 숱한 허행자의 입술과 침이 닿아
두터워진 술잔에 술을 따라 마시어 보는 것이다. 이래서 또 밤과 서
울의 밤거리가 나는 무섭도록 외롭고 서러우면서도 정이 들어 잊을
수 없다. _{이봉구, 「밤의 허행」}

이봉구는 1900년대 중반에 활동한 소설가로, 그의 작품은 명동의
선술집이나 다방을 주된 배경으로 삼아 실제 문인과 예술가들이 등

장인물로 나오는 것으로 유명하다. 그래서 그의 작품에서는 당시 명동을 드나들던 지식인들과 예술인들의 삶과 애환을 엿볼 수 있다.

이봉구는 명동에서 술과 낭만을 사랑하기로 가장 유명한 인물로 '명동백작'이라고도 불렸다. "명동 거리에서 30여 년, 그러니까 이곳에서 청춘을 보내고 늙어가는 나에게 있어서 명동은 내 마음의 터전이요, 생의 고향이기도 하다"라는 고백처럼 도시의 번화가가 그의 공간이었다. 위의 수필을 보면 이봉구에게 술이란 변화무쌍하고 번잡하며 상실감과 소외감이 가장 먼저 찾아드는 외로운 도시에서 고독을 달래주는 존재였음을 알 수 있다.

> 그/ 수없이 닿은 입술에/ 이 빠진 낡은 사발/ 나도 입술을 댄다
>
> 흡사/ 정처럼 옮아오는/ 막걸리 맛
>
> (중략)
>
> 세월이여/ 소금보다 짜다는 인생을 안주하여/ 주막을 나서면
>
> 노을 비긴 길은/ 가없이 길고 가늘더라만
>
> 내 입술이 닿은 그런 사발에/ 누가 또한 닿으랴/ 이런 무렵에
>
> 김용호, 「주막에서」

이봉구는 김용호의 시가 절로 입에서 나오는 밤이 있다고 했다. 그런 밤은 술집을 헤매며 밤거리를 걸었다고 한다. 혼자 마시는 술, 독작獨酌의 멋은 시대와 상황, 환경에 따라 달라진다. 윤선도가 지연을 벗 삼아 홀로 술을 마시는 운치를 즐겼다면 이봉구는 도시의 외로움 속에 홀로 술을 마시는 고독을 즐긴 것이다.

술과 명인

조선의 고흐, 최북

최북은 영·정조 때의 화가로 기이한 행동을 일삼았으며 엄청난 술고
래였다고 한다. 그는 스스로 호생관毫生館, 즉 '붓으로 먹고 사는 사람'
이란 호를 붙일 정도로 신분이 낮고 가난하여 멸시를 받는 일이 많았
다. 그러나 그림에 대한 천부적인 재능은 대적할 사람이 없었다.

최북은 틀에 얽매이지 않는 자유로운 삶을 살며 대담하고 야성미가
넘치는 산수화를 즐겨 그렸다. 그래서 그를 서양의 화가 고흐와 비교
하기도 하는데, 강렬한 화풍에서 풍기는 야성미도 비슷한 데다 고흐
가 자신의 귀를 자르는 기행을 벌인 것처럼 최북도 스스로 눈을 찔러
한쪽 눈이 멀었기 때문이다. 어떤 양반이 찾아와 그림을 그리라고 명
하며 최북을 조롱하자 송곳으로 눈을 찔러 이를 거부했던 것이다.

최북은 그림을 팔아 번 돈의 대부분을 술을 마시는 데다 쓸 만큼
술을 좋아했다. 하루에 마시는 술이 5~6되나 됐으며 술동이째 술을
벌컥벌컥 마시는 것을 즐겼던 호탕한 애주가였다. 넘치는 기백으로 술
을 마시며 한쪽 눈으로 조선의 풍경을 그리던 최북은 진정한 천재 예
술가이자 기인이라 할 만하다.

서민의 삶을 그린 화가, 김홍도

김홍도의 풍속화에는 일반 백성들의 고단한 삶과 소소한 일상, 유쾌
한 놀이들이 고스란히 화폭에 담겨 있다. 그가 그린 서민들의 풍경에
는 술이 자주 보이는데 주막에서 술을 푸는 주모와 아무렇게나 널브

러져 앉아 거문고를 튕기며 술을 즐기는 선비들의 모습을 통해 당시 일상생활에 깊이 녹아 있던 술 문화를 여과 없이 볼 수 있다.

그중 〈들밥〉은 서민들의 삶 속의 술과 그것을 바라보는 화가의 연민 어린 시선이 잘 드러나는 작품이다. 들밥은 들일을 하다가 들에서 먹는 밥으로 새참과 비슷하다. 지금도 새참에 빠지지 않는 것이 막걸리인데 김홍도의 〈들밥〉 속에도 역시나 술병과 술잔을 들고 있는 남자들이 보인다. 아마도 현재의 막걸리와 비슷한 탁주일 것이다. 일을 하다 잠시 주저앉아 아낙네가 내온 밥에 탁주를 나눠 마시고 있는데 들밥에 딸려 나온 그릇 수가 모자라는 듯하다. 단출하다 못해 빈한한 농가의 살림살이를 은연중에 표현한 김홍도의 마음을 읽을 수 있다.

세종도 못 말리던 주성酒星, 윤회

조선 세종 때 병조판서 등을 지낸 윤회는 말술을 마시기로 유명했다.
윤회는 어린 나이에 일찍 학문 깨친 천재적인 학자로 호방하고 기개가
높았으며 세종과는 농담을 주고받을 정도로 절친하였다.

세종은 윤회에게 "총명하고 똑똑하되 과음하는 것이 단점"이라며 술
을 마시되 석 잔만 마시라는 금주령을 내렸다고 한다. 과음으로 혹여
건강을 해칠까 염려하였던 것이다. 평소 마시던 주량이 대단했던 윤회
는 당연히 술이 부족했다. 왕명을 어길 수는 없으니 결국 꾀를 내어
술을 마시게 됐다고 하는데 그 이야기의 전말이 재미있다.

> 문도공文度公 윤회尹淮와 집현전 학사 남수문南秀文은 모두 문장에 능하
> 였는데, 술을 좋아하여 항상 정도에 지나쳤다. 세종께서 그 재주를
> 아끼시어 술을 마실 적에 석 잔을 넘지 못하도록 명하였더니, 그 뒤
> 로부터 두 공公은 반드시 큰 그릇으로 석 잔을 마시니, 이름은 비록
> 석 잔이라도 실은 다른 사람보다 곱을 마신 것이다. 세종께서 듣고
> 웃기를, "내가 술을 조심시킨 것이 도리어 술을 많이 먹도록 권한 것
> 이다"하였다. 서거정, 『필원잡기筆苑雜記』

한번은 윤회가 술에 만취해 부축을 받으며 왕에게 불려 나갔다. 그
러나 취한 상태에서도 명을 듣고 흔들림 없이 글씨를 써 내려가는 것
을 본 세종은 과연 천재라며 탄복했다고 한다. 세상 사람들은 '문성文星
과 주성酒星의 정기가 합하여 윤회와 같은 현인을 낳았다'며 칭송했다.

주도유단酒道有段, 조지훈

1900년대 중반의 청록파 시인인 조지훈도 술을 사랑한 문인이었다. 그는 '주정도 교양'임을 강조하며 술을 많이 마시기보다 잘 마시는 것이 중요하다고 했다. 조지훈은 수필 「주도유단」을 통해 바둑처럼 주도의 단수를 매겨놓았다. 술 취한 사람의 주정을 보면 인품과 직업은 물론 주력酒歷을 알 수 있다는 것으로 술을 잘 마시는 사람의 등급을 18단계, 9단으로 나눈 것이다. 반주를 즐기는 사람은 2급에 불과하고, 애주의 단계에 이르러야 비로소 초단, 술과 더불어 유유자적하는 사람은 7단, 열반주涅槃酒가 9단으로 명인급이라 했다. 조지훈은 엄청난 말술을 자랑하지만 술버릇이 고약했던 후배의 뺨을 때리며 겨우 '3단'에 불과하다고 호통을 쳤다고 한다.

조지훈에게는 술로 인해 잊지 못하는 정이 있다. 젊은 시절, 당시 관철동에 사는 친구가 있었는데 그 친구는 늦은 밤이 되면 조지훈이나 친구들을 붙잡아 재워주곤 했다. 한번은 대취한 조지훈이 습관처럼 관철동의 친구 집으로 향했고, 대문을 열고 방에 들어서자마자 쓰러지듯 잠이 들었다. 그런데 새벽에 눈을 떠보니 옆에 누워 있는 사람은 친구가 아닌 반백이 넘은 노인이었다. 놀라고 쑥스러운 마음에 조용히 도망을 치려는데 노인이 일어나 그를 잡으며 "해장이나 하고 가야 피차 인사가 되지 않겠소" 했다. 조지훈이 어찌할 바를 몰라 한참을 서 있다가 주저앉자 주전자와 냄비를 들고 사라졌던 노인이 조금 뒤에 따끈하게 데운 술과 해장국을 들고 들어왔다. 이야기를 들어보니 친구 집인 줄 알고 쳐들어온 조지훈에게 문을 열어준 것은 친구가 아닌 노인이었다. 노인은 자신도 젊었을 때 그런 경험이 있다는 것을 따뜻한 표정으로 말해주었다. 그리곤 길가로 내몰지 않은 것은 어버이같이 염려되는 마음도 있었으나 해장술을 같이 나누고픈 마음도 있었기 때문이라 고백했다. 조지훈은 술을 아는 이만이 알아주는 따뜻한 정을 느꼈다.

제 돈 써가면서 제 술 안 먹어준다고 화내는 것이 술뿐이요, 아무리 과장하고 거짓말해도 밉지 않은 것은 술 마시는 자랑뿐이다. 인정으로 주고 인정으로 받는 거라 주고받는 사람이 함께 인정에 희생이 된다. 흥으로 얘기하고 흥으로 듣기 때문에 얘기하고 듣는 사람이 모두 흥 때문에 진위를 개의하지 않는다. 술을 마시는 것이 아니라 인정을 마시고, 술에 취하는 것이 아니라 흥에 취하는 것이 오도吾道의 자랑이거니와 그 많은 인정 속에 술로 해서 잊지 못하는 인정 가화 두 가지를 지니고 있다. **조지훈, 「술은 인정이라」**

명정사십년酩酊四十年, 변영로

변영로는 3·1운동 때 독립선언서를 번역하여 해외로 발송했으며 일제 치하 민족의 울분을 담은 시집 『조선의 마음』을 낸 시인이자 수필가 다. '아, 강낭콩꽃보다도 더 푸른 그 물결 위에 양귀비꽃보다도 더 붉 은 그 마음 흘러라'라는 시구절의 「논개」가 그의 시다.

그런데 민족시인이라는 별칭 외에 주당이란 이름에 둘째가라면 서 러워할 명인이 바로 수주 변영로다. 변영로는 술을 마실 때 날씨와 기 분을 핑계로 대는 것은 구차스러운 변명일 뿐 그런 자는 진정한 주당 이 아니라고 했다. 그런 그가 오로지 술에 대한 재기발랄한 이야기 로 채운 수필집을 냈으니 바로 『명정사십년』이다. 명정酩酊이라는 말은 酩술 취할 명과 酊술 취할 정, 즉 몸을 가눌 수 없을 정도로 술에 취함을 뜻 한다. 그러니 명정사십년이란 제목은 '술에 흠뻑 취해서 살아온 40여 년 세월'이라는 말이다.

> 나의 음주변飲酒辯이라 하였지만 음주에 변辯이 새삼스레 있을 리 없 다. 기호물嗜好物이니 그저 마시는 것이다. 음주에 대하여 이유를 붙 이는 것-청명淸明하니 한 잔, 날씨 궂으니 한 잔, 꽃이 피었으니 한 잔, 마음이 울적하니 한 잔, 기분이 창쾌暢快하니 한 잔, 또 한 잔 등 등의 구차스러운 변명이나 이유를 붙이는 것은 자고유지自古有之나 엄 밀히 말한다면 그네들은 정통주도正統酒徒나 순수주배純粹酒輩는 아닐 지 모른다. 변영로, 『명정사십년』 중 「나의 음주변」

이 수필집에서 자주 회자되는 유명한 일화는 「백주白晝에 소를 타고」 이다. 어느 날 변영로와 오상순, 이관구, 염상섭이 만났는데 모두 수중에 술값이 없었다. 결국 이들은 한 신문사에 원고를 써서 보내기로 약속하고 미리 50원을 받아 신나게 술을 마셨다. 그런데 갑자기 폭우가 내려 쫄딱 젖게 되자 만세를 부른 후 인간과 자연 사이를 가로막는 옷을 벗자며 의기투합하기에 이른다. 알몸으로 춤을 추며 내려오던 네 사람은 길가에 매여 있는 소를 잡아 타고 종로까지 행진을 하였고, 이러한 기행이 사람들의 입에 두고두고 오르내렸다고 한다.

문주반생기文酒半生記, 양주동

변영로의 『명정사십년』과 견줄 만한 수필이 양주동의 『문주반생기』다. 제목 그대로 문학과 술에 얽힌 반평생의 이야기를 담은 수필집으로 양주동은 변영로와 마찬가지로 술을 즐기기로 유명한 인사였다. 술동무와 함께 만든 일화들을 통해 양주동의 인품을 알 수 있는데, 재미있는 것은 염상섭은 변영로의 『명정사십년』에 이어 이 작품에도 등장한다. 당시 문인들에게 술이 어떤 의미였는지, 문학과 술의 관계가 얼마나 긴밀한 것이었는지 알게 되는 부분이다.

> 상섭은 참으로 좋은 술동무였고 당시 근 일 년 동안의 동거 생활은 나의 반생 중에도 한 즐거운 추억이다. 그때 우리들의 주량은 백중을 다투리만큼 거량이어서 날마다 필수량이 거창했으나, 둘의 포켓은 자못 소슬하였다. …… 언젠가는 나의 그 작전이 지대한 효과를 발휘하여 둘이 '홍고本鄕바'인가에 가서 '백주회百酒會'를 열었다. 하룻밤에 마사무네正宗, 다카라寶, 왜소주, 각종 맥주, 황주黃酒, 배갈, 오가피주, 벨무드, 리큐르, 차츰 진, 위스키, 브랜디, 워커 등등에 미쳐 백가지 술을 모조리 한 잔씩 먹는 모임이다. …… 둘은 마침내 다정한

동지로서 스크램을 걸고 반란취보瑞蹣醉步, 안 맞는 발걸음을 굳이 맞추어 하숙 문을 두드린다. 아아, 어여쁜 그 치기 치기, 우리들 주당의 난만했던 우정이여……

주酒의 평가, 김진섭

'한국 수필 문학의 기틀을 다진 문인'으로 불리는 김진섭은 한국 문학사에서 수필을 본격적인 문학의 한 장르로 끌어올린 작가로 평가받는다. 그의 수필은 깊이 있는 문체와 아름다운 문장, 그리고 숨김없는 자기 고백과 인생사에 대한 방관적인 태도로 채워져 있다. 김진섭의 수필에도 어김없이 술을 주제로 한 글들이 있으며 술과 인생에 관한 철학적 깊이가 담겨 있다. 술은 인간사에서 빼놓을 수 없는 주제이기 때문이다. 『취인감후』에 나오는 「주酒의 평가」를 보면 김진섭의 술에 대한 통찰력은 누구보다 예리했던 것을 알 수 있다.

> 술을 정당히 평가하기란 어렵다. 술을 싫어하는 자는 이를 나쁘다 하고, 술을 즐겨하는 이는 이를 좋다 한다. 나쁘다면 나쁘고 좋다면 좋을 뿐이지, 그 이상 어찌할 수 없는 일이다. 주자酒者의 호악好惡을 증명할 도리는 우리에게는 없다. 그러나 술이란 물건은 본래 그같이 나쁜 것도 아니며, 또 그같이 좋은 것도 아닐 것이다. 단지 문제는 생후 술을 술같이 마셔본 일이 없는 까닭으로 불면식자不免食者의 눈에 심히 나쁜 것같이 보이는 것이며, 밤낮으로 술을 물같이 너무나 많이 마셨으므로 불면식자에게는 지극히 좋은 것같이 보이는 것임에 불과하다.

한국의 주당 VS 외국의 주당

취옹醉翁, 김명국 vs 구양수

김명국은 조선의 신필神筆로 불리며, 최북, 장승업과 더불어 조선의 3대 광기 화가로 꼽히던 화가다. 오늘날 우리들에겐 그 이름 석 자보다 〈달마도〉란 그의 그림이 더 유명할 것이다.

〈달마도〉는 김명국이 조선통신사의 수행 화원으로 조선을 대표해 일본에 갔을 때 그린 것이다. 당시 김명국은 지금의 한류 못지않은 국보급 인기를 모았는데, 그의 그림을 얻으려는 일본인들이 밤낮없이 숙소 앞에 진을 치는 바람에 김명국이 고충을 호소하기도 했다고 한다.

〈달마도〉의 굵고 강렬한 필선을 통해서 김명국은 호방하고 남다른 개성을 갖고 있었으며 상당히 남성적인 면모가 강했던 것으로 짐작된다. 기록에도 "김명국은 소방疏放하고 해학을 잘 하였으며 술을 즐겨 하여 능히 한 번에 두어 말의 술을 마셨다"고 전해진다.

취옹醉翁, 즉 '술 취한 늙은이'란 그의 호를 통해 알 수 있듯이 김명국은 술을 엄청 좋아했다. 심지어 그의 모든 작품은 술에 취해 그린 것이며 술에 취하지 않으면 그림을 그리지 않았다고 한다. 취옹 김명국에게 술이란 창작의 촉매제이며 예술혼에 불꽃을 일으키는 불씨였던 것이다. 이에 대해 조선 후기의 미술평론가 남태응은 그의 저서인 『청죽화사聽竹畵史』에서 이렇게 말했다. "김명국은 성격이 호방하여 술을 좋아하여 남이 그림을 요구하면 곧 술부터 찾았다. 술에 취하지 않으면 재주가 다 나오지 않았고, 또 술에 만취하면 취해서 제대로 잘 그릴 수가 없었다. 오직 술에 취하고는 싶으나 아직 널 취한 상태에서만 잘 그릴 수 있었으니, 그와 같이 잘된 그림은 드물고 세상에 전하는 그림 중에는 술에 덜 취하거나 아주 취해버린 상태에서 그린 것이 많아 마치 용과 지렁이가 서로 섞여 있는 것과 같다."

즉, 술에 적당히 취한 상태에서 가장 좋은 그림이 나왔으며 취하지 않거나 만취한 경우에는 그에 미치지 못했다는 것이다. 그럼에도 지금 우리가 그의 수많은 명화를 볼 수 있게 된 데에는 술의 신묘한 힘이 작용한 것이 틀림없다. 남태응이 "김명국은 귀신이다. …… 김명국 앞에도 없고 김명국 뒤에도 없는 오직 김명국 한 사람이 있을 따름이다"라고 평할 정도로 그의 재능은 천재적이었다.

김명국은 인물화뿐만 아니라 산수화 등 수묵화의 모든 분야에 통달한 화가였다. 풍경과 인물에 따라 강하고 빠르게 표현된 붓놀림을 보고 있노라면, 술에 취한 상태에서도 단숨에 그림을 그려나갔던 일필휘지—筆揮之의 마법 같은 그의 재주에 탄복할 수밖에 없다.

중국에도 취옹醉翁이란 호를 쓴 위인이 있었다. 애주하는 마음을 자부했던 조금은 괴팍한 성격의 명인이 있었으니 김명국보다 앞서 살다 간 중국 송나라 시대의 문인, 구양수다.

구양수는 가난한 집에 태어나 네 살 때 아버지를 여의고 홀어머니 슬하에서 자랐다. 연필을 살 수 없을 정도로 가난한 살림에도 어머니의 교육열은 대단했다고 한다. 모래 위에 갈대로 글씨를 써서 글공부를 시켰다니 말이다. 그 덕분에 구양수는 당송8대가唐宋八大家, 즉 당나라와 송나라 시대를 대표하는 여덟 명의 문장가 중 한 사람으로 꼽히는 시선詩仙으로 칭송받았으며 정치, 역사 등 다방면에 박학다식하여 높은 명성을 쌓았다.

중국의 위인 특히 문인으로 존경받는 사람 중에 풍류를 즐길 줄 모르는 사람은 거의 없을 정도로 시와 술은 하나였는데, 구양수 역시 풍류의 멋을 알던 사람이었다. 스스로 호를 취옹이라 짓고 태수를 맡은 곳에 지어진 정자에 자신의 호를 딴 취옹정醉翁亭이란 이름을 붙였다고 한다. 딴 속셈이 있거나 안팎이 다른 것을 비유하여 취옹지의醉翁之意라고 하는 것은 이때 구양수가 지은 시에서 유래한 말이다.

취옹지의란 '사람이 술에 취하는 뜻은 술에 있지 않고 산수를 즐기는 데에 있다'는 말로 풍류의 즐거움을 노래한 시 「취옹정기醉翁亭記」에 등장하는 대목이다. 구양수가 저주의 태수로 부임했을 때의 일이다. 저주의 낭야산에 두 정자를 세우고 각각 성심醒心: 술 깨는 마음과 취옹醉翁: 술 취한 늙은이이라 이름을 붙였다. 그리고 낭야산의 아름다운 정취에 취해 벗들과 술잔을 기울이며 그곳의 뛰어난 경치를 칭송하고 태수로서 자신의 생활을 담은 간결한 시를 지은 것이다. 이 시가 나오자 당대의 사람들은 그 독창성과 문장의 미학에 감탄하며 이를 모방한 시를 지어내기 바빴다고 하며, '취옹지의부재주醉翁之意不在酒'라는 문장은 이후 수많은 애주가의 심금을 울리는 명언으로 자주 인용되고 있다.

峰回路轉봉회로전 봉우리를 도니 산길 구불구불

有亭翼然유정익연 날개를 활짝 펼친 새처럼 정자가 있어

臨于泉上者임우천상자 샘 위에 임해 있는 것이

醉翁亭也취옹정야 바로 곧 취옹정이다

(중략)

醉翁之意취옹지의 취옹의 뜻은

不在酒부재주 술에 있지 아니하고

在乎山水之間也재호산수지간야 산수지간에 있었으니

山水之樂산수지락 산수 간에 노니는 즐거움은

得之心而寓之酒也득지심이우지주야 마음으로 이것을 얻어 술에 기탁한

것이었다

(중략)

醉能同其樂취능동기락 술이 취해서는 그들의 즐거움을 백성들과 함께
즐거워할 줄 알고

醒能述以文者성능술이문자 술에서 깨어나서는 글로써 그 마음을 표현해
낼 수 있는 이는

太守也태수야 곧 태수이라

太守謂誰태수위수 태수는 누구라 하나

廬陵歐陽修也여릉구양수야 여릉 땅의 구양수다

주선酒仙, 이규보 vs 이태백

이규보는 고려 시대의 문인으로 시와 거문고, 술을 좋아해 삼혹호三酷好 선생이라 불릴 정도로 글과 음악, 풍류를 즐길 줄 아는 진정한 주당이었다. 술과 문학을 사랑해 「국선생전」 외에도 술에 관한 수많은 시와 글을 남겼는데, 이런 그의 행적은 중국 최고의 시선詩仙이자 주선酒仙인 이태백과 종종 견줘지곤 한다.

이규보는 어린 시절부터 시를 잘 지어 장래가 촉망되는 인재였다. 그러나 23세 때에 과거에 합격했음에도 40세에 이르기까지 벼슬길과는 크게 인연이 없었다. 그래서 25세에 천마산에 들어가 시를 지으며 세상을 관조하며 살았다고 한다. 이때 스스로 호를 만들었는데 백운거사白雲居士, 즉 '흰 구름 속에 사는 선비'라는 뜻이었다.

이규보는 노장사상에 심취하여 자연 속에서 시를 짓고 술을 마시며 문학적 활동에 매진했다. 그래서 그의 시는 구속되지 않는 자유로움이 묻어나고 자연의 기질처럼 호방했으며, 세상에 대한 비판과 국가와 민족에 대한 염려가 녹아 있었다.

> 차라리 농사짓는 늙은이 될지언정
> 돈 주고 벼슬하기 부끄럽지 않은가
> 녹을 타 먹음은 우리에 갇힌 원숭이라
> 세상일 잊고 새와 함께 살아가리

당시 부패한 정치는 명예를 중시했던 이규보를 좌절하게 했다. 정치는 문신이 아닌 무신이 장악했던 시대였고, 그는 권력을 도모하는 데 크게 재주가 없었다. 낭만적이며 해학적인 예술가였던 그에게 정치인,

관리자로서의 냉정함은 상대적으로 부족했을 것이다.

그러나 이규보는 누구보다 감수성이 풍부한 시인이었다. 그의 작품을 모은 『동국이상국집東國李相國集』은 실로 방대한 양으로 그중 시만 해도 8천여 수에 이른다. 젊은 시절 산속에서 칩거했던 불운했던 시간이 오히려 그의 문학적 성취에는 도움이 된 것이다. 그는 자신의 처지를 비관해 세상을 등지는 것이 아닌 인간 본연의 덕과 자연의 이치를 노래하는 삶을 택했다.

어느 봄날, 꽃과 버드나무의 정취에 반해 술잔을 기울이며 지은 이규보의 「화류花柳」는 봄의 따뜻하고 나른한 기운이 그대로 전해지는 시다.

하늘이 나로 하여금

술을 마시지 않게 하려면

꽃과 버들이 피지 말도록 하여라

화류가 꽃다울 때 마시지 못하면

봄은 나를 버릴지언정

나는 못 버리겠네

술잔을 들고 봄을 환상할 때

봄은 더욱 좋다

거문고 소리를 들으며 시를 짓는 유유자적한 삶을 사랑했던 이규보, 그에게 술은 시를 창작하는 동력이자 혼탁한 마음과 세상을 맑게 하는 샘물 같은 것이었다.

> 술은 시가 되어 훨훨 나는데
> 여기 미인의 넋, 꽃이 있다
> 오늘 마침 이 둘이 쌍쌍하니
> 귀인과 함께 하늘에 오름과 같도다

이규보는 중국의 최고 시인으로 꼽히는 이백과 닮은 점이 많다. 당대를 풍미하던 명문장가였으나 정치적으로는 뜻을 크게 펼치지 못했고, 자연을 벗 삼아 방랑의 삶을 살았으며, 시대를 초월해 추앙받은 시선이자 주선이었다는 것 등이 그렇다.

이백은 중국 당나라 때의 시인으로 자는 태백이며, 청련거사靑蓮居士, 즉 '푸른 연꽃 속에 사는 선비'라고도 불렸다. 이규보뿐만 아니라 중국과 우리나라의 많은 문인, 풍류가에게 이백은 뛰어난 스승이었다. 풍류를 노래하는 수많은 시조 속에 달과 술, 꽃과 강이 등장하는 데에는 이백의 영향이 컸다고 볼 수 있다.

> 인생의 뜻을 얻었을 적에 모름지기 환락을 다하고
> 황금 술 단지를 공연히 달빛과 마주 비워두지 말라

청년 이백은 검술을 좋아하는 대장부다운 인물로 호탕하면서도 낭만을 사랑했다고 한다. 이규보와 마찬가지로 관직과는 크게 맞지 않아 주로 방랑 생활을 하며 산중에서 지기들과 어울려 술을 마시고 시를 지으며 평생을 보냈다.

그의 시적 감수성은 천재적인 것이어서 시인 하지장賀知章은 "원래 천상의 선인이었으나 죄를 지어 지상으로 귀양살이를 왔다"고 했을 정도였다. 그런가 하면 두보는 "이백은 한 말의 술에 시 백 편을 읊는다"고 했는데 시인 이백이 시상詩想을 떠올릴 때 술이 얼마나 소중한 것이었는지 알 수 있다.

애주가가 가장 사랑하는 이백의 애송시는 아마도 「월하독작月下獨酌」, '달빛 아래서 홀로 술을 마시다'라는 시일 것이다. 달과 자신의 그림자를 벗 삼아 술을 마신다…… 독작이 주는 기쁨의 최상이 아닐까 싶다.

꽃 사이에 술 한 병 놓고
벗도 없이 홀로 마신다
잔을 들어 밝은 달 맞이하니
그림자 비쳐 셋이 되었네

이백은 두보와 더불어 중국의 시인 중 양대 산맥으로 꼽히는데, 이 두 사람은 같은 시대를 살며 11살의 나이차에도 불구하고 술과 시로 돈독한 우정을 나눈 것으로 유명하다. 시성詩聖이라 불린 두보와 시선詩仙으로 불린 이백은 그 별칭답게 한쪽이 시를 지어 보내면 다른 한쪽이 답시를 보내며 감흥을 주고받았다고 하는데 이 가운데 아름다운 시들이 태어났다.

이백의 「우인회숙友人會宿」이란 시는 친구들을 만나 술을 마시고 이야기꽃을 피우다 천지를 이불 삼아 잔다는 내용으로 자유로움과 대찬 기질이 느껴지는 시다. 그러나 백 병의 술로도 씻어지지 않는 시름과 적막한 산에 홀로 누웠을 때 느끼는 인간 본연의 외로움 또한 묻어난다. 달과 술이라는 자연의 벗도 있고 두보와 같은 시심을 나누는 벗도 있었으나 그에게도 뜻을 펼치지 못하고 유랑하는 고독한 마음이 있었을 것이다.

> 천고의 시름 씻으려고
> 연이어 백 병의 술을 마신다
> 청담을 나누기에 좋은 밤이요
> 잠 이룰 수 없는 밝은 달이로다
> 취하여 빈산에 누우니
> 천지가 그대로 이부자리이노라

이백은 762년 61세의 나이로 세상을 떠났다. 세상을 떠나던 그날도 강가에 앉아 시를 지으며 술을 마시던 이백은 강물에 비친 달에 흠뻑 취한다. 이윽고 그는 달을 건지겠다며 물속으로 들어갔다가 강에 빠져 죽었다. 물에 비친 자신의 모습에 반해 빠져 죽었다는 나르키소스의 신화처럼 이백의 죽음도 매혹적이며 신비롭다. 일생 동안 가장 좋아했던 것들에 둘러싸인 채 다른 세상으로 훌쩍 떠났다는 이백의 이야기는 주선이라 불리는 그다운 결말이라고 할 수 있다.

폐주廢酒, 박인환 vs 베를렌

조지훈이 주당의 단수를 매겨놓은 수필 「주도유단」을 보면 가장 높은 단계는 9단으로 명인 또는 폐주라 하는데, 술로 인해 세상을 떠난 사람을 가리킨다. 여기에는 이백처럼 술과 노닐다가 마치 원래 세상으로 돌아가는 듯 떠나간 주선도 있으나 술로 자신을 망치는 지경에 이른 사람도 많다.

술은 맛과 멋으로 즐기는 것이다. 그래서 지나치게 현실적인 입장을 고수하면 낭만을 놓치기 쉽다. 그러나 지나치게 술에 집착하는 것 또한 낭만과 거리가 멀다. 집착은 파멸을 부른다.

술로 인해 세상을 버린 사람 중에는 유독 고도주를 즐기던 이들이 많다. 특히 젊은 나이에 요절한 안타까운 경우 중 몇몇은 술이 그 죽음과 연관돼 있다. 6·25 전쟁 후의 혼돈과 불안의 시대를 살던 우수의 시인 박인환이 그렇다.

「목마와 숙녀」, 「세월이 가면」 등의 명시를 남긴 박인환은 우리 문단의 황금기였던 명동시대를 대표하는 시인 중 한 사람이다. 그가 쓴 시에 이진섭이 곡을 붙인 노래 「세월이 가면」이 만들어진 비화, 그 시를 짓게 된 사랑 이야기, 영화광다운 면모, 그의 갑작스러운 죽음으로 인한 동료들의 슬픔 등 박인환에 대해서는 여러 가지 일화가 전해진다. 그러나 무엇보다 박인환 하면 떠오르는 것은 시와 술, 두 가지일 것이다.

"우리는 위스키를 마신다. 한 잔은 과거를 위해 두 잔은 오늘을 위해서. 내일을 위해서는, 그까짓 것은 생각할 필요가 없다"라고 한 그의 말을 통해 내일을 꿈꾸기에는 너무나 힘들었던 시대 상황을 짐작할 수 있다. 그런 그에게 즐거움이 되던 것, 답답한 현실을 벗어나게 해주던 것이 위스키였다.

박인환은 40~50도가 넘는 고도주의 강렬한 맛을 좋아했다. 하지만 당시 사람들이 마실 수 있는 술은 막걸리가 대부분이었다. 구하기조차 어려웠던 위스키를 자주 즐기기란 어려운 일이었다.

> 한 잔의 술을 마시고
> 우리는 버지니아 울프의 생애와
> 목마를 타고 떠난 숙녀의 옷자락을
> 이야기한다
> (중략)
> 목마는 하늘에 있고
> 방울 소리는 귓전에 철렁거리는데
> 가을 바람 소리는
> 내 쓰러진 술병 속에서 목메어 우는데
> **박인환, 「목마와 숙녀」**

박인환은 술을 아주 많이 마신 어느 날 심장마비로 세상을 떠났다.

홀로 집에 누워, 봄인데도 무거운 겨울 점퍼를 그대로 입고, 눈도 감지 못한 채였다고 한다. 그때 그의 나이 고작 서른하나였다. 많은 문인 친구들이 마지막 길을 배웅했다. 어떤 친구는 생전에 좋아하던 조니워커 위스키를 마음껏 사주지 못한 것이 한이 된다며 조니워커 위스키를 죽은 박인환의 입에 부어주기도 했다.

전쟁의 상처로 얼룩진 나라, 독재 정치 아래 숨죽이며 살던 시대에 젊은 시인은 실컷 멋을 부려보거나 기분을 내보지도 못했다. 오로지 술로 고독을 달래고 지나간 사랑을 노래했던 것이다.

그런가 하면 술로 인해 우울한 말년을 보낸 프랑스의 시인 폴 베를렌Verlaine Paul이 있다. 베를렌은 프랑스 상징주의의 거장으로 꼽히는 시인으로 '비탄의 시인', '랭보의 연인'으로 유명하며 빅토르 위고 등과 절친했다.

결혼 1년 만에 아내를 버리고 당시 17살이던 천재 시인 랭보와 사랑에 빠진 이야기는 매우 유명하다. 어린 시인의 천재적인 시적 영혼은 베를렌에게 무한한 문학적 영감을 불러일으켰다. 그러나 랭보와의 불화와 이별, 투옥 생활로 인해 베를렌은 술에 완전히 의존하는 생활을 하게 됐고 지병에 시달리다 51세에 외롭고 쓸쓸히 사망했다고 한다.

암울했던 베를렌의 일생은 한편으로는 가장 순수한 서정시인으로 평가받는 그의 내면세계에서 비롯된 것이다. 하지만 그를 어둠의 끝까지 몰고 간 것은 당시 유행했던 특정 술 때문이기도 했다. 찬란하고 암울했던 그의 사랑과 인생은 영화 〈토털 이클립스〉를 통해 많은 사람들에게 알려졌다. 이 영화에 자주 등장하는 장면 중 하나가 랭보와 베를렌이 시를 논하며 녹색의 술을 마시는 것으로, 실제 베를렌은 압생트absinthe란 이름의 이 술을 즐겨 마셨다고 한다.

압생트는 19세기 후반 유럽, 특히 프랑스 파리의 예술가들이 열광하던 술이다. 베를렌과 랭보를 비롯한 시인들과 고흐, 마네, 모파상 등 인상파 화가들 또한 압생트를 즐겼고 피카소, 헤밍웨이 등도 이 술의 마력에 빠져들었다고 한다.

압생트는 알코올 도수가 70~80도에 이르는 독한 술로 어떤 것은 90도에 이르

기도 한다. 프랑스어로 '향쑥'을 뜻하는 이름의 이 술은 쑥을 알코올에 넣어 증류한 것으로 은은한 초록색을 띤다. 그래서 '악마의 술', '초록 요정' 등으로 불렸다.

이 술이 예술가들에게 인기가 많았던 것은 환각을 일으켰기 때문이다. 예술가들은 압생트를 마신 상태에서 최고의 시와 그림을 그리는 황홀한 상태를 맛보았던 것이다. 드가는 이 술을 소재로 그 유명한 '압생트'를 그렸으며, 고흐 또한 '압생트'란 작품을 남겼다.

그러나 이 술의 마력이 예술적 혼을 불어넣은 것만은 아니었다. 이 술은 광기와 중독을 불러왔다. 고흐가 귀를 자른 것과 자살한 것이 압생트 때문이란 설이 있으며, 베를렌은 늘 압생트에 취해 비틀거리며 방탕한 생활을 해 결국은 아내에게 거부당하고 시적 영감까지 서서히 잃었다.

결국 이 예술가의 술은 그 위험성 때문에 판매가 금지됐다가 1980년대에 알코올 도수를 40도 정도로 낮춰 재등장했다. 환각을 일으키는 특정 성분은 소량이었고, 수많은 예술가들이 알코올 중독에 빠져 있었던 것이 결정적인 문제였다는 주장이 설득력을 얻었던 것이다.

압생트는 악마의 술이란 별명대로 수많은 사람을 광기로 몰고 갈 만큼 치명적인 취기를 불러일으키는 독주였다. 베를렌과 고흐에게 이 술이 없었다면 어땠을까? 평안한 말년을 보내며 더 많은 시와 그림을 남겼을까? 아니면 지금 우리가 보고 있는 그들의 환상적인 걸작은 탄생하지 못했을까?

술과 명언

● 술, 담배, 연애를 포기하기로 결심한다면 오래 살아도 사는 게 아니다. 단지 오래 산 것처럼 보일 뿐이다. 프로이트(19~20세기 오스트리아의 의학자)

● 지금까지 인간이 궁리해낸 것 중에서 가장 큰 행복을 만들어낸 것은 술이다. 새뮤엘 존슨(18세기 영국의 시인)

● 한 잔의 술은 재판관보다 더 빨리 분쟁을 해결해준다. 에우리피데스(고대 그리스의 3대 비극 시인)

● 한 항아리의 붉은 술과 노래 그리고 목숨을 연명할 수 있을 정도의 양식만 있다면 너와 함께 비록 오두막에 산다고 해도 나의 마음은 왕보다 더 즐거울 것이다. 오마르 하이얌(11~12세기 페르시아의 수학자·시인)

● 술은 사람을 매료시키는 악마이고 달콤한 독약이며 기분 좋은 죄악이다. 아우구스티누스(4~5세기 로마의 철학자·사상가)

● 술에 취하는 뜻은 술에 있지 않고 산수를 즐기는 데에 있다. 구양수(11세기 중국 송나라의 정치가)

● 다만 한은 세상에 있을 때에 술을 마음껏 마시지 못한 것이다. 도연명(4~5세기 중국 진나라의 시인)

● 청동은 모습을 비추는 거울, 술은 마음을 비추는 거울. 아이스킬로스(고대 그리스의 비극 작가)

● 맥주는 인간관계에 윤활유 역할을 한다. 그 맛은 쓰지만 마음을 여는 데는 묘약이다. 후쿠자와 유키치(19세기 일본의 계몽가·교육가)

● 술과 인간은 끊임없이 싸우고 끊임없이 화해하고 있는 사이좋은 두 투사와 같은 느낌이 든다. 진 쪽이 이긴 쪽을 포옹한다. 보들레르(19세기 프랑스의 시인)

● 술은 비와 같다. 진흙 속에 내리면 진흙을 더 더럽게 하지만 옥토에 내리면 그곳에 꽃을 피게 한다. 존 헤이(19~20세기 미국의 정치가)

● 술이란 취한 뒤보다 취하는 과정이 더 좋은 법인데 그 진미珍味를 거세去勢할 양이면 애당초 술을 포기하라. 조지훈(1900년대 중반 한국의 청록파 시인)

● 술이 없는 곳에 사랑은 있을 수 없다. 에우리피데스(고대 그리스의 3대 비극 시인)

● 최고의 술은 남의 집 술. 디오게네스(BC 5세기 중반 고대 그리스의 철학자)

● 노동은 나날을 풍요롭게 하고, 술은 일요일을 행복하게 한다. 보들레르(19세기 프랑스의 시인)

● 그 술의 힘, 그 술의 달콤함, 그 술의 좋은 것, 그것은 너의 핏속에 불사의 생명을 지킨다. 폴 베를렌(19세기 프랑스 시인)

● 애주가는 정서가 가장 중요하다. 거나하게 취하는 사람이 최상의 술꾼이다. 현絃이 없는 악기를 뜯으며 즐기던 도연명처럼, 술의 정서는 술을 마실 줄 모르는 사람이라도 즐길 수 있다. 임어당(20세기 중국의 소설가·문명비평가)

● 술은 입을 경쾌하게 하며 마음을 털어놓게 한다. 이리하여 술은 하나의 도덕적인 성질, 이를테면 마음의 솔직함의 운반하는 물질이다. 칸트(18세기 독일의 철학자)

● 주신처럼 강력한 것이 또 있을까. 그는 환상적이며 열광적이고 즐겁고도 우울하다. 그는 영웅이요, 마술사다. 그는 유혹자이며 에로스의 형제다. 헤르만 헤세(19~20세기 독일의 소설가·시인)

● 공석에서 마시는 술은 천천히 마셔야 한다. 마음 놓고 편하게 마시는 술은 점잖게 호탕하게 마셔야 한다. 병자는 적게 마시고 슬픔에 있는 자는 모름지기 취하게 마셔야 한다. 임어당(20세기 중국의 소설가·문명비평가)

● 목적이 있어 술을 마시는 자는 술의 힘을 빌어서 싸움하려는 자를

두고는 다시없을 것이다. 신선이고 부처고 성현이고 간에 목적이 있어서 마시는 술은 하지하품下之下品이요, 속품俗酒이다. 조지훈(1900년대 중반 한국의 청록파 시인)

● 신은 단지 물을 만들었을 뿐인데 인간은 술을 만들었다. 칸트(18세기 독일의 철학자)

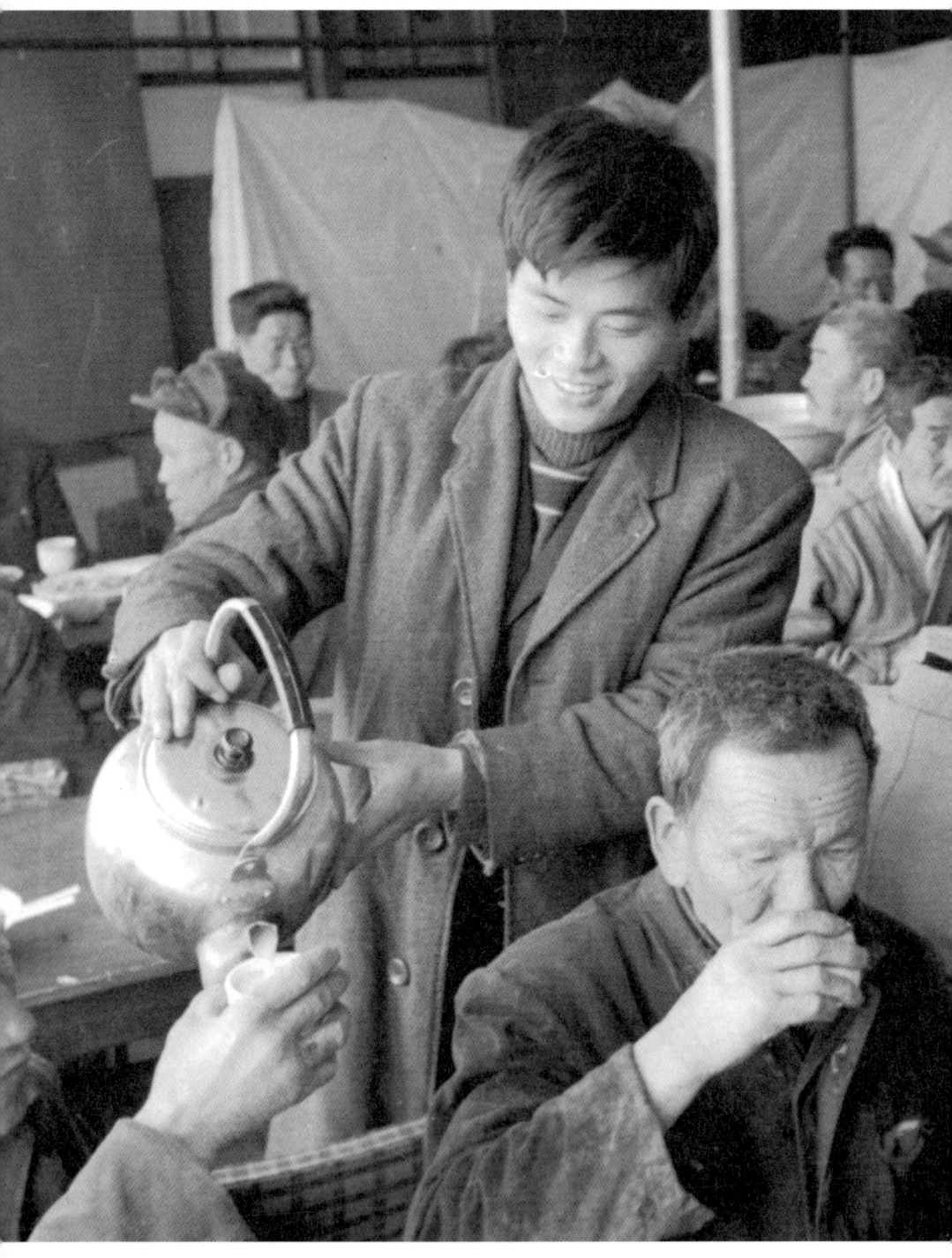

4

그 때 그 술,
추 억 을
말 하 다
—

일제강점기는 곤궁한 생활 때문에
술을 구하기도, 마시기도 힘들었지만
이 때문에 오히려
술이 절실했던 시대였다.

일제강점기와
우리 술

● 　　　　수백 년 전통의 프랑스 와인처럼 우리나라에도 지역과
가문, 그리고 계절을 대표하는 수많은 명주가 전해 내려왔다. 프랑스
가 재배 농가와 포도 품종에 따라 수많은 브랜드의 와인을 가지고 있
는 것처럼 우리 술도 수많은 종류가 있었다. 조선 시대 말까지 우리 민
족이 즐겨 마신 술은 250여 종이 넘었다고 한다. 그러다 일본이 한반
도를 강점하면서 세금을 걷고 토지와 곡식을 강탈하기 위해 토지·주
류 조사를 실시했다. 일본은 조선인의 쌀 소비량을 줄이기 위해 하루
한 끼는 죽을 먹도록 강제하는 죽 먹기 운동을 벌이는가 하면, 쌀밥을
먹으면 머리가 나빠지고 과식은 건강을 해친다는 쌀밥 유해설을 퍼트
리기도 했다. 전쟁과 수탈 그리고 잇따른 흉년과 기근이 계속되자 때
마다 빚어지던 절기주와 토속주들은 우리 땅에서 점점 자취를 감추었
고 집집마다 부글부글 술이 익어가던 술 단지는 하나둘씩 사라졌다.

　우리 전통술이 자취를 감춘 것은 일제의 식량 착취보다 그들이 적
극적으로 펼친 주류 정책이 결정적인 이유였다. 조선 시대에도 금주령
과 같은 통제가 있었으나 어디까지나 식량을 확보하기 위한 인본적인
정책이었다. 그러나 일본은 자국의 이익을 챙기려는 식민 정책의 일환
으로 술의 제조를 통제했다.

　일본은 1909년 주세법을 제정해 술 제조 면허제를 실시했다. 이전까
지 술의 제조, 유통은 전적으로 민간의 자율이었다. 그러나 술도가는
물론 가정집조차 반드시 나라에서 허가를 받아야만 술을 빚을 수 있

게 만들었다. 명절이나 제사 때 쓸 술을 빚고 싶어도 제조 면허가 없
으면 단 한 방울의 술도 빚을 수 없었다.

주세법 이전에는 민간에서 술을 담가 마시는 집이 일곱에 하나 꼴
이었다고 한다. 그러나 1916년에는 자가용 면허가 있어 술을 빚을 수
있는 집이 36만 6,700여 군데에 불과했다. 그나마 1934년에는 자가용
술 제조 면허제마저 완전히 없어졌다. 이로써 민간에서 술을 담그는
것은 범죄 행위가 됐다. 불시에 순사들이 단속을 하러 들이닥치면 사
람들은 술독을 망치로 깨버리거나 술을 밭에 뿌리고 심지어는 술독
을 가져가지 못하게 똥통 속에 묻어버렸다. 그러는 동안 우리 전통술
은 가양주라는 고운 이름을 두고 '밀주密酒'라는 어둡고 굴욕적인 오명
을 쓰고 말았다. 수백 종에 달하던 전통 가양주는 일부 지방과 가문

에서 간신히 명맥을 유지하기도 했으나 밀주라는 부정적인 이미지가 따라붙었다.

이렇게 차츰차츰 집집마다 내려오던 특색 있는 술이 사라져갔다. 서민들은 관청의 눈을 피해 알음알음 막걸리를 빚기도 했으나 몰래 만들다 보니 맛과 정성이 이전만 못했다. 단속을 피하기 위해서 누룩을 과다하게 사용해 술을 빨리 빚으니 원래의 술맛을 내기 어려웠고 풍류와 운치도 즐기기 힘들어졌다.

술 권하는 사회

●   일제강점기는 곤궁한 생활 때문에 술을 구하기도, 마시기도 힘들었지만 이 때문에 오히려 술이 절실했던 시대였다. 자연을 벗 삼아 풍류를 즐기던 조상의 음주 문화는 사치가 될 수밖에 없었다. 조국의 암담한 현실 앞에서 민중들은 상처와 울분의 술을 마셨고 지식인들은 고뇌와 허무의 술을 마셨다.

1921년 ≪개벽開闢≫에 실린 현진건의 「술 권하는 사회」는 즐기는 술이 취하는 술로 바뀌게 된 당시의 시대상을 보여준다. '술 권하는 사회'라는 이 소설의 제목은 암울한 시대와 답답한 현실을 대변하는 대명사처럼 오늘날까지 자주 인용되는 문구다.

> 내게 술을 권하는 것은 홧증도 아니고 하이칼라도 아니요, 이 사회란
> 것이 내게 술을 권한다오. 이 조선 사회란 것이 내게 술을 권한다오.
> 알았소? (중략) 이런 사회에서 무슨 일을 한단 말이요. 하려는 놈이
> 어리석은 놈이야. 적이 정신이 바루 박힌 놈은 피를 토하고 죽을 수
> 밖에 없지. 그렇지 않으면 술밖에 먹을 게 도무지 없지… 그저 이 사
> 회에서 할 것은 주정꾼 노릇밖에 없어. **현진건, 「술 권하는 사회」**

당대에 명성이 자자하던 주당은 변영로, 현신건, 염상섭, 양주동 등 문인들로 이들 중 최고는 「논개」로 유명한 민족시인 수주 변영로였다. 『명정사십년』은 변영로가 술자리와 취중에 겪은 일화 등을 기록한 수필집으로 처음부터 끝까지 술로 인한 기상천외한 기행들이 가득하다.

나는 집에서나 술집에서 술을 마실 때 병이면 병, 주전자면 주전자, 주배가 오락가락하는 사이 점점 줄어가는 것이 무엇보다도 안타까 웠다. 과장 같지만 술이 한 금씩 줄 때마다 생명의 한 토막이 끊김을 느꼈다. 더욱이 돈이 넉넉지 못할 때는 그리하였다. (중략) 이토록 사 랑스런 술을 나는 위에서 말한 바와 같이 소위 대동아 전쟁통에 참 으로 굶주렸다. 말하자면 주란酒亂을 뼈저리게 치른 것이다. 한잔 술 에는 원근遠近이 없었다. 술만 있고 술만 있을 듯한 곳이면 전후前後를 불계不計하고 찾아가는 것이었다. 변영로, 『명정사십년』 중 「애주의 심도」

위 글의 제목 「애주愛酒의 심도深度」란 '술을 사랑하는 정도'란 뜻이 다. 술이 줄어들 때마다 "생명의 한 토막이 끊김"을 느낄 정도로 술을 좋아했던 최고의 주당이 술에 굶주리는 시대에 태어났으니 그 갈증이 얼마나 컸을까. 더구나 변영로의 술잔에는 시대에 대한 고뇌와 지성인 으로서의 자책이 늘 따라다녔다.

대머리집과
명월관

나라베 술집

나라베ならべ는 '줄서기'라는 뜻의 일본어다. 일제강점기는 식량 착취와 기근, 밀주 단속으로 술이 귀했던 시절이다. 주당들을 몸살 나게 하던 그 시절, 술을 배급하듯 나눠주던 곳을 나라베 술집이라 했다. 낮에는 다방으로 사용하는 곳이었다고 하니 정식 술집이라기보다는 술 배급처가 맞을 듯하다.

> 나라베 술 이야기가 나지마는 지금껏도 기억에 어제 일같이 새로운 것은 현 충무로에 있던 금강산이라는 5시 정각이면 개문하는 술집(주간은 다방)에를 3시경만 되면 쏜살같이 가서 1, 2, 3착을 다투는 것이었다. 주는 것은 1인당 일본 브랜디 두 컵(극히 적은)씩이었는데 눈치 있고 민속하게만 동작을 한다면 역시 2, 3회는 차례가 간 것이었다. 2회면 네 컵, 3회면 여섯 컵으로 불주객과 작반이 될 때에는 물론 그 배였다. 참으로 악전고투랄까, 나는 요갈療渴하기에 그와 같이 고초를 치르고 겪었다. 변영로, 「명정사십년」 중 「애주의 심도」

선술집

기생이 나오는 요릿집은 일반 서민에게는 그림의 떡이었다. 예나 지금이나 서민에게 가장 친근하고 마음 편한 주점은 선술집이었다. 서서 술을 마시는 집이라고 해서 선술집이라 했는데, 점차 간단하고 조촐하게 술을 파는 곳을 아울러 지칭하게 됐다. 하층민이 주로 찾았던 선술집이 1920년대에는 말쑥한 신사, 모던 보이, 문인 등 폭넓은 계층과 노인에서 청년까지 다양한 연령대가 찾는 곳이 됐다.

선술집에는 간판이 없었다. 그러다 그 수효가 늘어나면서 가게를 찾는 손님들이 대충 가게 이름을 붙여서 불렀는데 주점의 특징이나 주인의 생김새를 딴 경우가 많았다. 대머리집, 오동나무집, 회나무집, 이문안 설렁탕집……. 당시 선술집 중에는 지금의 종로 단성사 맞은편에 위치한 '동양루'라는 이층집이 규모도 크고 인기도 많았다.

서울 종로의 골목뿐 아니라 시골 장터의 선술집 또한 그 지역의 오래된 주점으로써 명맥을 이어갔다. 장터의 선술집은 장돌뱅이와 지역 주민들의 만남과 사교의 장이었다. 전을 지지거나 나물을 무쳐서 안주를 만드는 주인 여자와 막걸리를 마시는 장사꾼, 노동자들의 왁자지껄한 모습이 주된 풍경이었을 것이다.

술이 담긴 한국 속담 5

: 외모는 거울로 보고 마음은 술로 본다
술을 먹으면 속마음을 털어놓고 이야기하기 때문에 사람의 됨됨이를 알 수 있다는 말.

: 술 취한 사람과 아이는 거짓말을 안 한다
술에 취하면 속에 품은 생각을 거짓 없이 말한다는 뜻.

선술집은 훈훈하고 뜨뜻하였다. 추어탕을 끓이는 솥뚜껑을 열 적마
다 뭉게뭉게 떠오르는 흰 김, 석쇠에서 빠지짓 빠지짓 구워지는 너비
아니 구이며, 제육이며, 간이며, 콩팥이며, 북어며, 빈대떡……. 첫째
그릇을 받아들었을 제 데우던 막걸리 곱빼기 두 잔이 더 왔다. 치삼
이와 같이 마시자 원원이 비었던 속이라 찌르르 하고 창자에 퍼지며
얼굴이 화끈하였다. 눌러 곱빼기 한 잔을 또 마셨다.

현진건, 「운수 좋은 날」

한국 최초의 요정, 명월관明月館

조선 왕조가 몰락하자 궁에서 일하던 많은 사람들이
민간으로 퇴출, 유입됐다. 여기에는 궁중의 수라간
요리사들도 포함돼 있었다. 그중 대한제국의 연회 책
임자였던 안순환은 관직을 버리고 궁궐을 나와 지금
의 광화문 사거리 남동쪽단성사 맞은편에 조선 요릿집을
차렸다. 그때까지만 해도 술집은 규모가 작고 안주가
별로 없었다. 술 한 사발에 안주 하나. 그런데 궁궐에
서 임금님 수라를 만들던 사람이 요릿집을 차려 떡
벌어진 궁중 음식을 만들어내자 형편 좋은 사람들은
너 나 할 것 없이 임금님 수라상을 받아보겠다고 요
릿집을 찾았다. 그곳이 바로 유명한 '명월관'이었다.
명월관은 한국 최초의 요릿집이자 요정으로 음식과
술, 가무가 어우러진 복합적인 사교의 장이었다.

명월관 자리 터(1971년)
명월관은 종업원 수가 120명이었고
1,200평의 땅 위에 지어진 거대한 요
정이었다.

'정종 = 청주'가
아니다

●   정종이 뭐냐고 물으면 청주라고 답하는 사람들이 많다. 틀린 말은 아니다. 하지만 정종은 청주와 같은 뜻으로 쓰일 수 있는 말이 아니다. 정종은 술의 종류가 아니라 일본 청주의 상표명 중 하나로, 일제강점기 때 일본인이 부산에 세운 주류 회사에서 팔던 마사무네正宗, 정종라는 술의 이름을 한자로 발음한 것이다. 그러므로 청주를 정종이라고 하는 것은 승합차를 '봉고'차라고 부르거나 1회용 반창고를 '대일밴드'라고 하는 것과 같다. 일본 술을 정종이라 통칭하는 것도 마찬가지다.

우리에게 정종이란 말이 굳어진 데에는 당시 마사무네의 인기가 높았던 탓도 있지만, 예로부터 제사에 술을 올릴 때 맑은술인 청주를 썼던 우리의 전통이 더 큰 영향을 미친 것으로 짐작된다. 일제강점기 때부터 집에서 술을 담글 수 없게 되자 사람들은 제사에 올릴 술로 시중에서 파는 마사무네와 같은 제품을 사서 쓰게 됐다. 이 과정에서 가장 인지도가 높은 제품인 정종이 청주를 지칭하는 말로 의미가 변화됐을 것이다.

일제강점기와 6·25전쟁을 거치면서 수많은 우리의 전통 청주가 사라졌다. 이 때문에 청주는 제사 때 음복으로 쓰이는 정도로 음용될 뿐 술자리에서는 소주, 맥주, 위스키에 밀려 낡고 고루한 술로 여겨져 왔다. 하지만 2000년대 들어 젊은 층 사이에서 국산 청주 브랜드 청하가 큰 인기를 모은 데 이어 일본 사케 열풍이 불었고, 알코올 도수가 낮은 저도주를 선호하는 경향이 강해지면서 청주가 새롭게 주목받고 있다.

: 술과 안주를 보면 맹세도 잊는다

술을 즐기는 사람은 금주를 맹세했어도 술을 보면 도저히 안 먹고
못 배긴다는 뜻.

: 술 받아 주고 뺨 맞는다

술을 받아서 대접해주고는 오히려 뺨을 맞는다는 뜻으로, 남을 잘
대접하고도 되레 해를 입는 경우를 말함.

: 미운 놈 보려면 술장수 하라

술장수를 하면 술을 먹고 주정하는 미운 사람을 많이 보게 된다는 말.

일본의
국주國酒,
사케

사케는 멥쌀로 빚는 일본식 청주다. 일본에서는 니혼슈日本酒라고도 불리는
일본의 국주이자 세계적으로는 프랑스의 와인, 영국의 위스키처럼 널리 인정
받는 명주이기도 하다. 사케가 세계인의 입맛을 사로잡은 이유가 무엇일까?
사케 판매장에 가보면 종류와 가격대가 너무 다양해서 와인 못지않게 고르기
어렵다는 것을 알 수 있다. 일본의 사케 제조 업체는 전국적으로 대략 2천여
곳이 넘고, 최고급부터 보통주까지 정미율과 재료에 따른 다양한 등급이 생
산되며, 제품 수는 1만여 개에 이른다고 한다. 이렇게 사케 종류가 많다 보니
와인 소믈리에와인 감정 평가사와 같은 사케 전문가 기키사케시きき酒師를 선발·
육성해 전문성까지 높이고 있다. 사케가 명주 반열에 오른 이유는 이처럼 다
양성과 전문성을 지원하는 제도적·문화적 역할이 크다.

해방 후의 변화

●　　　　　우리 술의 주원료는 쌀이다. 그러나 해방 후 1950년대
부터 1970년대까지 우리나라는 식량 수급을 외국산 양곡에 의지해야
하는 실정이었기 때문에 쌀과 보리 등 곡식으로 술을 빚을 수 없는 상
황이었다. 1965년에 양곡관리법이 실시된 이후 1990년대까지 쌀로 술
을 빚을 수 없었다. 이로 인해 우리 술은 크게 세 가지 변화를 겪었다.

첫 번째는 증류식 전통 소주가 사라지고 희석식 소주가 대중주로
떠오른 것이다. 정부가 증류식 소주를 금지하자 전통 소주를 만들던
300여 개 업체는 문을 닫았고 일부 업체는 희석식 소주로 전환했다.
초기 희석식 소주는 막걸리에 밀리며 좋은 반응을 얻지 못했다. 그러
나 제조 기술의 발달로 맛이 점차 좋아지면서 희석식 소주는 오늘날
한국인의 국민주로 자리매김하게 됐다.

두 번째는 쌀 막걸리가 사라지고 대신 밀 막걸리가 등장한 것이다.
원래 막걸리는 쌀이나 찹쌀이 원료였으나 6·25전쟁 이후 미국에서 무
상으로 공급받는 밀가루를 사용한 밀 막걸리가 만들어졌다. 밀 막걸
리는 쌀 먹걸리보다 빛깔도 희고 값도 훨씬 쌌다. 그러나 쌀 막걸리에
익숙했던 사람들은 특유의 시큼털털한 맛이 나지 않는다며 밀 막걸리
에 사이다를 타 먹기도 했다.

세 번째는 수많은 전통주가 사라진 것이다. 막걸리는 대체 원료와 제
조법의 변화로 만들 수 있지만 수많은 약주와 전통 소주는 쌀이 없으
면 양조가 불가능하다. 결국 이것은 전통 술의 단절과 품질 저하를 불
러왔고 일제 치하 때에 이어 전통주는 오랜 공백기를 갖게 됐다.

뜨거운 고두밥의 추억

쌀로 술을 빚는 것이 금지되기 전까지만 해도 민가나 동네 양조장에서 쌀로 고두밥을 지어 술을 빚는 풍경을 쉽게 볼 수 있었다. '고두밥'이란 물을 적게 넣고 고들고들하게 지은 된밥을 말한다. 미리 쌀을 불려났다가 찜통이나 시루에 쪄내는데 보통 '술밥'이라고 부르는 경우가 많았고 찹쌀이나 멥쌀로 지은 것은 '지에밥'이라고도 했다. 다 된 고두밥은 널따란 곳에 펼쳐놓고 찬바람에 식힌다. 쌀밥이 그리웠던 아이들은 펼쳐놓은 고두밥을 몰래 한 움큼 집어 먹기도 하고 주먹밥을 만들어 먹기도 했다. 아침이면 양조장에서 고두밥 짓는 달짝지근한 냄새가 온 동네에 퍼졌다.

술독에 식은 밥과 누룩, 물을 섞어 넣고 온도를 잘 맞춰주면 항아리 안에서 술이 익어 부글부글 거품이 인다. 발효가 끝난 후 위에 뜬 맑은술은 무명 자루 같은 것에 담아서 통 속에 쌓아 눌러 짜낸다. 이것이 재래식 청주다. 남은 탁한 술을 체에 받아 찌꺼기를 거른 후 적당량의 물을 섞어 더 익힌 것이 탁주다. 탁주를 만들고 남은 찌꺼기는 술지게미라고 한다. 동네마다 양조장에서 나오는 술지게미를 배고픈 이들이 나눠 먹었다. 술지게미는 허기를 달래기에는 좋았으나 남아 있는 술 성분 때문에 술도가에서 술지게미를 얻어먹고 논밭에서 잠이 들거나 비틀거리며 학교에 가는 아이들도 있었다.

재래식 양조장의 추억

●   1950~1970년대에 유년기를 보낸 사람들에게는 고두밥과 술지게미, 술심부름에 대한 아련한 추억이 있을 것이다. 그때는 마을에 대부분 양조장이 있었다. 막걸리 생산량이 가장 많았던 1974년에 전국의 막걸리 양조장 수는 1,701개였다. 양조장마다 재료의 비율이나 제조법에 차이가 있고 만드는 사람의 손맛에 따라 술맛이 달랐기 때문에 일부 양조장은 다른 지방에서도 찾아와 맛을 보고 갈 정도로 유명세를 타기도 했다. 그러나 1970년대 중반 이후 막걸리의 수요가 급격히 감소되자 양조장들도 하나둘 문을 닫았다. 현재까지도 전통 방식을 간직한 채 막걸리를 만들고 있는 양조장 세 곳을 소개한다.

백두산 나무로 지은 근대 문화유산, 덕산양조장

지금은 세왕주조란 회사명을 달았지만 동네 주민들이나 오래전부터 이곳을 알던 사람들에게는 덕산양조장이란 이름으로 더 유명하다. 1930년에 일본 건축가가 서양식 구조로 지은 덕산양조장은 단층 목조 건물로 2003년 문화재청이 근대 문화유산으로 지정할 정도로 역사적 가치가 있는 건물이다.

양조장 건물은 백두산에서 들여온 전나무와 삼나무로 기초를 쌓고 잣나무로 외벽을 둘렀다. 양조장 건물 앞을 둘러싼 측백나무에서 날아든 송진이 참나무로 된 건물 외벽에 들러붙어 해충을 방지하고 천연 방부제 역할을 한다고 한다. 80년 전통의 이 술도가는 3대에 걸쳐 가업을 잇고 있다. 현재 덕산막걸리, 덕산약주를 비롯한 20여 가지 술을 빚고 있다.

가장 오래된 양조장, 영양양조장

경상북도 영양군 군청과 읍사무소 사이에 위치한 영양양조장은 우리 나라에서 가장 오래된 술도가로 알려져 있다. 나무못과 나무 현판, 미닫이문 등 1926년 설립 당시의 사무실 건물과 시설이 그대로 남아 있다. 일제 때 청주를 만드는 양조장으로 지어졌다가 해방 이후부터 는 막걸리를 생산하고 있다. 영양생막걸리라는 이름으로 시판되고 있 는 이곳 막걸리는 예전 시골 막걸리 맛을 비교적 그대로 보존하고 있 다. 누르스름한 빛깔에 묽은 편이고 칼칼하면서 톡 쏘는 맛이 적은 것 이 특징이다.

박정희 막걸리, 능곡양조장

능곡양조장의 막걸리는 '박정희 막걸리'라는 이름으로도 유명하다. 박
정희 전 대통령이 우연히 이곳 막걸리를 마신 후 그 맛에 반해 14년간
청와대에 납품됐기 때문이다. 1999년 현대그룹의 정주영 회장이 방
북했을 때 당시 김정일 국방위원장이 남한의 박정희 막걸리를 맛보고
싶다는 부탁을 했고, 이듬해에 북으로 능곡양조장의 막걸리를 보내는
과정이 뉴스에 나오면서 온 국민의 주목을 받기도 했다. 능곡양조장
은 고양시 주교동의 옛 지명을 따서 배다리 술도가라고도 불렸다.

술이 담긴 한국 속담 7

: 술은 백약의 장長
술은 알맞게 마시면 어떤 약보다도 몸에 가장 좋다는 뜻.

: 싫은 밥은 있어도 싫은 술은 없다
술을 몹시 좋아하는 사람이 술이 최고임을 비유석으로 이르는 말.

: 술에 물 탄 이
술에 물을 타서 아무 맛도 없게 만든 것처럼 성격이나 품성이 뜨뜻
미지근한 사람을 뜻하는 말.

통금의 거리에서

●   1980년대 이전 '그때 그 시절'에는 웃지 못할 일화들이 참 많았다. 두발 단속이 벌어지던 거리, 동시 상영 영화관의 추억……. 그 중 가장 많은 일화를 빚어낸 것은 아마도 통금일 것이다. 통금 즉 '야간 통행금지'란 밤 12시부터 새벽 4시까지 사람들의 외부 출입을 금했던 조치다. 밤 12시만 되면 온 나라에 통금을 알리는 사이렌이 울렸고 아무도 집 밖으로 나올 수 없었다. 통금 때문에 술집 주인들은 11시가 되면 슬슬 가게를 닫았고 술 마시던 사람들도 하나둘 자리를 털고 일어섰다. 어영부영하다가 12시까지 집에 도착하지 못하면 경찰관에게 붙잡혀 파출소 신세에 벌금까지 물어야 했기 때문이다. 남녀노소 할 것 없이 12시가 되면 마법이 풀릴까봐 허둥지둥 달아나는 신데렐라 같았다.

밤은 짧고 시간은 정해져 있고, 결국 사람들은 시간에 쫓기며 급히 술을 마시게 됐다. 자리에 앉자마자 소주를 들이마시는 이들을 보면 물을 마시는 건지 술을 마시는 건지 분간하기 어려울 지경이었다. 25도짜리 독한 소주를 짧은 시간 동안 연거푸 마시다 보니 자연스레 폭음 문화가 생겨났다. 1970~1980년대는 군부독재의 압제와 산업화로 인한 노동계층의 비대화 그리고 빈부격차의 심화라는 열병을 앓던 시대였다. '한강의 기적' 뒤에는 고달픈 대중의 삶이 흐르고 있었다. 그런 까닭에 퇴근 후의 술자리는 사람들의 삶을 달래주는 유일한 여가였고 잠시 동안의 위안이었다.

그렇게 1945년부터 무려 37년 동안 시행됐던 통금이 1982년 1월 5일

1974년 12월 24일 명동거리

크리스마스 이브날에는 예외적으로
통금이 해제되기도 했다

폐지됐다. 사람들은 해방된 밤 시간에 열광했고, 길거
리에서 술을 파는 포장마차를 비롯해 새벽까지 영업하
는 술집이 급격히 늘어나기 시작했다. 통금의 해제는
우리나라 술 문화의 큰 변수로 떠올랐고 새로운 밤 문
화를 만들어냈다.

포장마차,
도시민의 애환을 싣다

●   어두운 밤거리에 홀로 빛나던 주황색 포장마차. 파란 플라스틱 간이 의자에 앉아 뜨거운 국물을 안주 삼아 소주를 마시는 겨울 풍경은 지금도 드라마 속에 종종 등장하는 장면이다. 요즘에는 이처럼 소박한 포장마차가 드물지만 1970~1980년대에는 서울의 종로, 청계천 등 도심 일대에 포장마차 거리가 있었다. 또한 동네 어귀에도 작은 포장마차 하나씩은 흔히 있었다. 늦은 밤 '한잔' 생각에 포장마차에 들르면 오이와 당근에 초고추장을 곁들인 인심 좋은 기본 안주에 참새구이나 매운 닭발볶음, 홍합탕 등을 시켜놓고 소주나 막걸리를 밤새 마실 수 있었다. 소주는 병술 또는 잔술로 팔았고 막걸리는 주전자에 담아 내왔다.

오뎅과 군참새와 세 가지 종류의 술 등을 팔고 있고, 얼어붙은 거리를 휩쓸며 부는 차가운 바람이 펄럭거리게 하는 포장을 들치고 안으로 들어서게 되어 있고, 그 안에 들어서면 카바이드 불의 길쭉한 불꽃이 바람에 흔들리고, 염색한 군용 잠바를 입고 있는 중년 사내가 술을 따르고 안주를 구워주고 있는 그러한 선술집에서, 그날밤, 우리 세 사람은 우연히 만났다. 김승옥, 「서울, 1964년 겨울」

포장마차는 주머니 가벼운 술꾼들의 천국이었고 도시민들의 애환과 고단한 삶이 서려 있는 공간이었다. "가슴 밑바닥의 이야기, 혼자 견뎌내는 이야기, 아무한테나 툭 털어놓게 되지 않는, 친구에게만 할 수 있는, 서로의 생을 묵묵히 인정할 수 있을 때만 말할 수 있는 그런 이야기"임영태, 「포장마차」가 오가는 따스한 곳이자, "전쟁 같은 밤일을 마치고 난 차거운 소주를 붓는"박노해, 「노동의 새벽」 쓰라린 곳이기도 했다.

낭만이 넘쳐흐르던
명동시대

●   지난 2004년에 방영된 TV 프로그램 중 '명동시대'를 소재로 한 것이 있었다. 거기에는 다음과 같이 명동을 표현할 말이 나온다. "온갖 멋쟁이들이 모여드는 곳, 술과 음악과 문학이 넘쳐흐르는 낭만의 거리, 그러나 지금은 사라져버린 거리."

명동은 해방 이후 1970년대까지 서울의 문화와 유흥의 중심지였다. 가장 먼저 유행이 시작되고 멋쟁이 신사와 숙녀가 나비처럼 모여들며 술과 음악과 커피향이 넘쳐흐르는 낭만의 거리였다. 1960년대의 명동은 '문화 사랑방'이라고 불릴 만큼 문화인들 간의 교류가 많았다. 그래서 이때를 '명동시대'라고 한다. 명동시대의 대표적인 문인 및 예술가로는 『명정사십년』의 술꾼 변영로, 잠잘 때만 빼고 줄담배를 피웠다는 공초空超 오상순, 「날개」의 천재작가 이상, 막걸리 시인 천상병, 화가 이중섭과 박수근 등이 있다.

이들이 주로 모인 곳은 '은성'이라는 술집이었다. 은성은 현재의 명동성당으로 올라가는 길 옆쪽 유네스코 회관 맞은편에 있었는데 탤런트 최불암의 어머니가 운영했던 주점으로도 유명하다. 은성은 외상인심이 후해 가난한 예술가들의 사랑방이었고 문인들의 집합지로 인기가 많았다. 은성의 단골로는 명동백작으로 불렸던 소설가 이봉구와 시인 김수영 등이 있었다. 명동을 배경으로 한 소설 「명동의 엘레지」를 쓴 이봉구는 항상 카운터 근처 좌상자리에 술잔을 앞에 놓고 참선하듯 꼿꼿이 앉아서 술을 마셨던 것으로 유명하다. "풀이 눕는다/ 바

람보다도 더 빨리 눕는다"의 김수영은 늘 형클어진 머리에 좌중을 상대로 열띤 웅변을 했는데 술에 취하면 고함을 지르던 술버릇이 있었다고 한다.

그런가 하면 수많은 문인들의 작품이 은성에서 탄생하기도 했다. 박인환의 시 「세월이 가면」은 은성에서 만들어진 것이라고 전해진다. 술잔을 앞에 둔 박인환이 옛 생각에 젖어 이 시를 지어내자, 동석했던 극작가 이진섭이 즉석에서 곡을 붙였고 「세월이 가면」은 명동에서 금세 유명한 노래가 됐다고 한다.

지금 그 사람 이름은 잊었지만

그 눈동자 입술은

내 가슴에 있어

바람이 불고

비가 올 때도

나는 저 유리창 밖

가로등 그늘의 밤을 잊지 못하지

박인환, 「세월이 가면」

술 이야기에는 문인들이 유난히 많이 등장한다. 문학 작업이 혼자만의 고독한 작업인 까닭도 있지만 술을 마시면 감성이 극대화돼 창작에 도움이 되기도 하고, 술자리를 통해 새로운 사람과 문학 소재를 만날 수 있기 때문일 것이다. 그래서 과거 이름 있는 문인들은 특정 술집을 정해놓고 거의 매일 드나들며 교류를 했다. 술집에서 일어난 재미있고 유별난 여러 사건들은 전설처럼 많은 사람들의 입에 오르내리곤 했다.

그러나 시대가 변하면서 명동시대도 쇠퇴의 길을 걸었다. 1973년에 국립극장이 명동에서 장충동으로 이전하면서 명동은 예술과 유행을 선도하는 중심지로서의 빛을 서서히 잃었다. 문인과 예술가들의 사랑방이었던 은성주점도 문을 닫았고 술집들은 무교동, 종로를 중심으로 새롭게 형성됐다. 매일 저녁 문인들이 술집에 모여 예술을 논하던 낭만적인 풍경들은 더 이상 찾아볼 수 없게 됐다. 문화, 예술, 유행을 선노하는 새로운 중심지로 강남이 떠오르기 시작했다.

청바지를 입고
통기타를 치며
생맥주를 마시다

● 　　　1970~1980년대를 대표하는 아이콘이자 상징은 통기
타와 청바지 그리고 생맥주다. 이 시대의 대학가는 정권의 탄압과 감
시에 대한 저항, 부조리한 사회에 대한 고민이 깊었다. 그렇기 때문에

오히려 청춘과 낭만에 대한 열정은 그 어느 때보다 높아 포크음악과 히피문화 등 청년문화가 크게 유행했다. 그 중심에 포크음악의 상징인 통기타와 청바지 그리고 생맥주가 있었다. 명동의 OB's캐빈이나 대학가 술집, 라이브 카페에서 「아침이슬」을 부르며 술을 마시는 젊은이들을 만나는 건 어려운 일이 아니었다.

1970년대 초반까지만 해도 맥주가 흔치 않았고 냉장 시설도 부족해서 시원하고 탄산이 풍부한 맥주를 마시기가 쉽지 않았다. 그러나 1970년대 말부터 맥주의 인기가 치솟으며 맥주를 전문으로 파는 술집이 급증했다. 특히 생맥주를 주로 판매하는 술집은 '비어홀'이라고 해서 서울 종로와 을지로의 직장인들 사이에서 인기를 끌었고 1980년대에는 대학로와 신촌의 대학가를 중심으로 크게 유행했다. 그중 1986년 동양맥주가 서울 동숭동 대학로에 1호로 문을 연 '오비호프OB HOF'는 전국적으로 선풍적인 인기를 얻었고 맥주의 대중화에 결정적인 역할을 했다. 재미있는 사실은 '오비호프'의 유명세로 인해 독일어로 '마당, 뜰'이란 뜻의 호프hof가 한국에서는 엉뚱하게 생맥주를 지칭하는 신조어가 됐고, 맥주를 파는 곳은 호프집으로 불리게 됐다는 것이다. 맥주의 원료인 홉hop과 호프·호프집은 의미상 전혀 관련이 없다. 지금도 호프집은 어디에서나 쉽게 볼 수 있는데 과거와 달리 대형화·고급화·개성화된 것이 특징이다. 특히 2000년대 들어와서는 수입 맥주 전문집의 인기가 높다.

접대 문화의 상징,
룸살롱

'살롱salon'이란 원래 17~18세기 프랑스에서 철학·문학·예술 등을 토론하던 장소를 이르던 말이며, '마담madame'은 살롱을 주도했던 귀부인을 호칭하던 말이다. 그 살롱이란 말이 우리나라에 들어와 방·공간이란 뜻을 가진 영어 '룸room'과 결합해 신조어 '룸살롱'이 됐다. 이 외에 '카바레cabaret'도 프랑스어로 유럽에서는 공연이 펼쳐지던 고급 술집을 뜻하는 말이다.

룸살롱은 1980~1990년대 호황을 누리던 유흥주점으로 대중들의 접대 문화를 대변하는 공간이었다. 경제 호황과 소비력 증대로 접대 문화가 발달하면서 주로 고위급 공무원이나 기업 간부들이 룸살롱을 애용했다. 양주 한 병이 수십만 원을 호가하는 사치스러운 공간이라 서민들과는 거리가 멀었다. 주로 업체 담당자 간의 미팅, 직장 내 회식이 룸살롱에서 이뤄졌다. 술이 오가면서 계약이 성립이 되기도 했고 상사에게 눈도장을 찍어두기도 했던 것이다.

그러나 1990년대에 들어서면서 룸살롱뿐만 아니라 접대 음주 문화도 차츰 변모했다. 민주 사회가 발전하고 시민 의식이 성숙하면서 접대를 목적으로 하는 술자리가 줄어들고 있기 때문이다. 대인 관계에 활력을 주는 요소로써의 음주가 자리를 잡아가기 시작한 것이다.

술이 담긴 한국 속담 8

: 흰 술은 사람의 얼굴을 누르게 하고 황금은 사람의 마음을 검게 한다
술과 돈은 사람에게 해가 될 수 있으니 경계하여야 한다는 말.

: 처음에는 사람이 술을 마시다가 술이 술을 마시게 되고 나중에는 술이 사람을 마신다
술을 많이 마시면 주객이 전도되기 때문에 술을 몸에 맞게 먹으라는 뜻.

: 술 먹여 놓고 해장 가자 부른다
병 주고 약 준다는 말과 같은 뜻으로 남에게 해를 주고 나중에 도와주는 척하는 교활하고 음흉한 사람의 행동을 뜻하는 말.

술과 노래의
만남

●   경제가 발달하면서 사람들에게 여가 시간이 생기기 시작했다. 그러나 사회가 빠르게 변화하다 보니 여가에 대한 개념이나 여가를 즐길 수 있는 다양한 문화가 존재하지 않는 상황이었다. 이때 술집은 대부분의 여가 시간을 보내는 놀이와 사교, 유흥의 공간이 됐다. 단순히 술을 마시며 이야기를 나누는 곳을 넘어 노래를 부르기도 하고 춤을 추기도 하는 복합적인 장소로 진화하기 시작한 것이다.

술과 노래가 본격적으로 결합된 술집은 1980년대 중반 이후 등장한 '가라오케'다. '비어 있음'의 뜻인 일본어 '가라から'와 '오케스트라'의 줄인 말인 '오케'를 합친 일본식 조어 가라오케는 '노래가 없는 오케스트라', 즉 반주만 녹음된 테이프를 뜻한다. 이것이 변화해 반주가 녹음된 음악을 틀어놓고 노래를 부르며 술을 마시는 술집을 가라오케라고 부르게 된 것이다.

'노래방'은 일본에서 유행하던 영상 무인 반주 시스템을 도입한 유흥업소로 특히 동남 아시아권에서 인기가 많다. 우리나라에 노래방이 처음 등장한 것은 1991년 무렵 부산이었고 이후 선풍적인 인기를 모으며 단시간에 전국적으로 퍼져나갔다. 당시 유흥가에는 노래연습장이라고 써 붙인 간판이 자고 일어나면 두세 개씩 생길 정도였다. 원칙적으로 술을 제외한 음료수만 팔 수 있기 때문에 심야 영업에서 자유로워 취객들은 물론 초저녁 시간대에는 가족이나 청소년들의 놀이 장소로 널리 애용됐다. '마시고 취하는 것'에서 '부르며 노는 것'으로 술자리 문화와 여가가 변화한 것이다.

1993년에 정부는 「식품위생법」 개정을 통해 술을 팔고 노래도 부를 수 있던 기존의 일반유흥접객 업소를 두 가지로 분류했다. 술과 요리를 팔고 노래를 부르기도 하며 접대부를 두는 것이 허용되는 '유흥주점', 그리고 술과 요리를 팔고 반주 시설이 있지만 접대부는 허용되지 않는 '단란주점'이 그것이다. 단란주점과 유흥주점을 구분한 이유는 접대부 유무에 따라 허가와 과세비중을 달리해 유흥주점이 단란주점으로 업종을 바꾸거나 감소되길 기대해서였다. '단란'의 사전적인 뜻처럼 '여러 사람이 즐겁고 화목하게 즐기는 술집'이 바로 단란주점의 목적이었다. 이렇듯 단란주점은 건전한 술집과 술 문화를 만들기 위한 정책적 산물이다. 그러나 아쉽게도 단란주점은 당초 목적과 달리 퇴폐문화에 일조하면서 과거 룸살롱과 함께 유흥업소의 상징이 됐다.

고고족에서
클러버cluber까지

●　　　　　1970년대 이후 주점 문화에 나타난 가장 크고 뜨거운 변화는 춤의 유행과 춤추는 술집의 열풍이다. 60년대의 트위스트, 70년대의 고고, 80년대의 디스코, 90년대의 브레이크댄스와 힙합 등 시대별로 유행하는 춤이 바뀌었고 이에 따라 춤추는 술집의 모습들도 변했다. 댄스홀이 고고장으로, 고고장이 디스코테크로, 디스코테크가 나이트클럽으로, 시대에 따라 명칭이 바뀌고 공간 구조도 조금씩 달라졌지만 흥겹게 이어지던 음주 가무의 문화는 변함이 없다.

춤추는 술집의 시작은 해방 전후로 거슬러 올라간다. 당시엔 술과 음료를 팔고 춤을 추는 공간을 갖춘 곳을 '댄스홀'이라 불렀다. 댄스홀은 서양 문물에 심취했던 모던보이, 모던걸들의 집합 장소였다. 지금의 카바레는 미군정 때 처음 생겼다. 카바레는 서양식 무도회장으로 블루스, 탱고 등 남녀가 함께 춤을 추는 사교장이다.

춤추는 술집의 본격적인 역사는 1970년대 이후 전국을 들끓게 만든 '고고'와 '디스코' 열풍에서 시작했다고 해도 과언이 아니다. 1970년대에 유행한 고고춤은 전국에 수많은 고고장을 양산했다. 고고장 외에도 고고춤의 유행으로 생긴 신조어가 난무했다. 밤새 고고춤을 추며 술을 마시는 젊은이들을 '고고족'이라고 불렀고, 대학생들이 고고춤을 추며 분위기를 띄우던 단체 미팅을 '고고미팅', 고고장에서 단체로 벌어지던 댄스 파티를 '고고파티'라고 했다.

1980년대에 들어서자 전 세계적으로 디스코 열풍이 불었고 국내에도 디스코가 상륙해 음주 문화를 주도하기 시작했다. 디스코는 본래 '레코드'를 뜻하는 말로 1960년대 프랑스에서 나이트클럽을 경영하던 조제 페나리가 불황으로 손님이 줄어들자 경비를 줄이기 위해 사람들이 악기를 연주하는 악단 대신 레코드를 틀기 시작한 것이 시초다. 이후 악단이나 밴드 대신 레코드를 사용하는 댄스홀을 '디스코테크'라고 부르게 된 것이다.

디스코테크는 새로운 음주 문화를 만들어냈다. 술자리가 더욱 흥겨워졌으며 주점이 다양해지고 유행을 타기 시작한 것이다. 초기의 디스크테크는 입장료만 받고 기본 음료를 제공했는데 이후 점점 술을 파는 것이 대세가 됐다.

> "가요계에 사교장에 디스코 강풍이 분다"
> 지난가을 '존 트라볼타'라는 미국 배우가 영화 〈토요일 밤의 열기〉에서 우리 관객들에게 디스코춤을 약간 보여준 뒤 몇 달 안 되어 요즘 가요계는 물론 주점의 쇼 무대, 사교장, 친구들의 모임 등에서도 '춤' 하면 우선 디스코를 들먹거릴 정도다. (중략) 디스코 춤을 추는 데는 달라붙는 바지에다 헐렁한 블라우스를 입거나 수영복 같은 옷에다 통이 큰 치마나 찢어진 치마를 입는 것이 안성맞춤. 한창 유행하던 '고고 시대'는 가고 바야흐로 '디스코 시대'를 맞은 느낌이다.
> 《동아일보》, 1979년 1월 30일자

1990년대에 이르러서는 젊은 세대만이 독점하는 술집이 등장하기 시작했다. 또한 개성과 다양성의 극대화로 점차 음악과 주종에 따라 술집의 종류도 세분화됐다.

먼저 현란한 조명 아래 큰 소리의 록음악을 들으며 앉은 자리에서 맥주를 마시고 춤을 추는 록카페가 인기를 끌었다. 록카페는 자유와 반항, 거친 청춘을 상징하는 공간이었다. 또한 신촌과 압구정, 홍대 일대에는 칵테일바가 유행했다. 칵테일바에서는 바텐더가 능숙한 손놀림으로 묘기를 선보이며 칵테일을 만들어주기도 해 마시는 즐거움 외에 보는 즐거움까지 더해졌다.

나이트클럽은 젊은 층은 물론 폭넓은 연령대가 가장 즐겨 찾는 춤추는 술집이었다. 그러나 나이트클럽이 대형화되면서 '부킹' 또는 '즉석만남'이라고 불리는 남녀 소개팅 문화가 범람하게 됐다. 이에 실증을 느낀 젊은 층들 사이에서 가볍게 맥주와 칵테일을 마시며 개인적인 시간을 보낼 수 있는 클럽 문화가 생겨났다. 특히 대학생들과 젊은 이들이 가장 많이 모이는 서울의 홍대와 강남 일대에 독특한 클럽 문화권이 형성됐다. 각각의 클럽은 특성에 따라 힙합, 재즈 등 특정 장르에 속하는 양질의 음악과 분위기, 서비스를 제공하고 있어서 마니아층의 지지를 받고 있다. 개성과 다양성을 존중하는 사고가 확산되면서 '즐기는 술'과 '즐기는 주점'으로 음주 문화는 계속 변화하고 있다.

5

국 민 주 의
탄   생   과
명주 이야기

————

고향 소주를 그리워하는 것은
아마도 그 맛을 잊지 못해서가 아니라
고향 소주와 함께 했던
추억과 향수鄕愁 때문일 것이다.
사람마다 하나씩 이야깃거리가 있는 술
그것이 국민주다.

불로 세 번 이상 익힌
진한 술, 소주

●   소주燒酎는 '불로 익혀 진한 술'이라는 뜻이다. 지금 우리가 흔히 마시는 희석식 소주는 '불로 증류해 내리는' 재래식을 현대화하여 대량생산한 것이다. 희석식 소주는 전통 증류식 소주와 동일한 쌀, 보리, 고구마, 밀 등이 기본 재료로 이용되며 전통 방식과 현대 방식을 혼합한 주류로서 전 세계인의 사랑을 받고 있다.

증류식 소주

증류한 직후의 소주는 향미 성분이 많고 원료에 따른 특유의 향이 강하다. 이때의 자극적인 향은 시간이 지날수록 줄어들기 때문에 바로 마실 경우가 아니면 제거할 필요가 없다. 우리 전통 소주도 위스키나 브랜디 같은 다른 증류주와 마찬가지로 오래 숙성할수록 풍미가 깊어진다. 증류식 소주는 희석식 소주에 비해 묵직한 맛이 나고 쓴맛이 훨씬 강하다. 그래서 깔끔한 향과 맛을 내기 위해 대나무 숯을 이용하여 정제하는 경우도 있다. 1950년대에는 35도가 일반적이었는데 지금은 20도에서 40도까지 다양한 제품이 유통되고 있다.

희석식 소주

희석식 소주는 주정을 물로 희석한 술로 담백하고 깔끔한 맛이 특징이다. 알코올 도수 95도 이상의 주정에다 물을 섞어서 35~40도 정도로 1차 희석하고 첨가물을 넣어 맛을 낸 후, 다시 물을 더해 알코올 농도를 조절하고 여과하는 과정을 거쳐 만들어진다.

참고로 증류주는 세조 방법에 따라 크게 단식 증류와 연속식 증류로 나눠진다. 단식 증류기를 사용한 것으로는 증류식 소주와 몰트 위스키, 테킬라, 브랜디 등 있으며, 연속식 증류기를 사용한 것은 희석식 소주, 보드카, 진 등이 있다.

과거에 희석식 소주는 '화학주'라는 소문이 돌았던 적이 있는데 이는 원료인 '주정'에 대한 이해가 부족해서 생긴 것이었다. 주정은 사전적으로 에탄올이라는 뜻이기 때문에 아무래도 실험실에서 쓰이는 알코올을 연상하기 쉽다. 그러나 술에 들어가는 주정은 합성 주정이 아닌 발효 주정이다. 다시 말해 주정은 화학 반응으로 만든 알코올이 아니라 곡물을 증류해 얻은 알코올이다. 따라서 희석식 소주는 전통 소주나 위스키와 마찬가지로 증류주에 속한다. 1980년대에는 이러한 오해를 풀기 위한 신문 광고가 등장하기도 했다.

추억의 소주 이야기

●   희석식 소주는 1920년대에 처음 등장했을 때만 해도 별다른 호응을 받지 못했다. 1924년에 설립된 진로도 처음엔 희석식이 아닌 증류식 소주를 생산했다. 그러다 1965년 양곡관리법으로 증류식 소주의 생산이 금지되자 그때부터 희석식으로 생산 방식을 변경했다. 대부분의 소주 업체가 1960년대에 진로처럼 희석식으로 대체하거나 문을 닫았다. 이렇듯 우리 술 문화에 본격적으로 희석식 소주가 등장한 역사는 반세기 정도에 불과하다. 희석식 소주는 근대가 만들어낸 산물이자 짧은 시간 동안에 폭발적인 지지를 얻어 대중주로 떠오른, 세계에서 유래를 찾기 힘든 독특한 술이다. 1960~1970년대 초기 희석식 소주에 관한 몇 가지 재미있는 일화가 있다.

  1960년대 소주 업계의 1인자는 삼학소주였다. 60~70대 노년층 중에는 지금도 삼학의 '대왕표청주'와 '삼학소주'를 그리워하는 사람들이 많다. 삼학은 원래 전라도 목포에서 청주를 만들던 회사로 1957년에 서울로 진출하면서 초기의 희석식 소주 시장을 주도했다. 삼학의 단맛 소주와 진로의 쓴맛 소주가 경쟁을 벌였는데 삼학의 시장 점유율이 60~70퍼센트에 이를 정도로 그 인기가 높았다고 한다. 삼학소주의 인기 때문에 가짜 삼학소주가 판을 치기도 했고 공급물량이 달려 애를 먹기도 했을 정도였다. 그러나 1970년 초반에 회사가 부도나면서 삼학소주는 추억 속으로 사라졌다.

  예전에는 진로소주를 '두꺼비소주'라고 불렀다. 소주병에 크게 인쇄해 붙인 두꺼비 심벌 때문이었는데 당시에는 이렇게 이미지화된 상표

에 대한 인식이 컸다. 원래 진로의 캐릭터는 두꺼비가 아니라 원숭이
였다. 그러나 서울 사람들은 원숭이를 교활하고 경망한 부정적인 이미
지로 보았기 때문에 1950년대에 두꺼비로 심벌을 변경했다. 두꺼비는
부와 행운, 장수를 상징한다. 한때 진로는 '낙동강'이라는 이름의 소주
를 출시하면서 십장생을 심벌로 쓰기도 했다. 참소주의 전신인 '금복

'주소주'의 1960년대 심벌은 '복영감'이었다. 술통 위에 앉아 왼손에 술주머니, 오른손에 부자방망이를 든 복영감은 달마대사를 비롯한 중국과 인도의 고승 이미지를 합성해 탄생한 것이라고 한다.

우리나라 사람들은 소주에 관한 재미있는 버릇이나 관행들을 많이 가지고 있는데 그 가운데 하나가 병마개를 딴 뒤 첫 잔을 마시지 않고 버리는 것이다. 몇 년 전까지만 해도 이 별난 행동은 사람들이 소주를 마실 때 습관적으로 행하던 절차였다. 그 이유에 대해서는 병 윗부분에 안 좋은 성분이 있기 때문에 건강상 버리는 것이 좋다고 막연히 이야기하는 사람들이 다수였고, 혹자는 소주 업체에서 매출을 올리기 위해 퍼트린 유언비어라고 주장하기도 했다. 사실 초기에는 희석식 소주의 정제 기술이 지금처럼 발달하지 못해서 병에 메탄올 성분이 소량 남아 있는 경우가 많았다. 메탄올 성분은 병에 담았을 때 병 상층부에 모이는 특성이 있다. 그래서 병을 흔들어 술을 섞거나 처음 반 잔 정도는 따라 버리는 것이 좋았다. 그러나 지금은 기술이 발달해 소주에 메탄올 성분이 남지 않기 때문에 첫 잔을 따라 버리는 행동 등을 할 필요가 없다.

사투리 따라
소주도 다르다

●   한국인들이 가장 좋아하는 술 소주. 그런데 요즘 주점에 가서 소주를 시키려면 예전처럼 간단하게 "소주 한 병 주세요"로 끝나지 않는다. 우리나라에는 현재 10개의 소주 회사와 수십 종의 소주 브랜드가 있다. 그래서 '참이슬'인지 '참이슬 후레시'인지, '처음처럼'인지 '처음처럼 쿨'인지 정확하게 집어서 주문을 해야 한다.

그러나 실제로 주점에 가보면 모든 소주 브랜드가 다 구비돼 있지 않고 그 지역에서 잘 팔리는 브랜드 서너 개만 볼 수 있다. 주점이나 주류 판매처에서 특정 소주 제품만 갖다놓고 파는 이유는 지역에 따라 선호하는 소주 브랜드가 다르기 때문이다. 광주나 전남 지역의 주점에 가면 손님 중 열에 여덟아홉은 잎새주를 마시고 대구나 경북 지역에 가면 거의 참소주만 마신다. 제주도에서는 한라산소주의 시장 점유율이 90퍼센트가 넘는다. 제주 사람들은 거의 다 한라산소주만 마신다는 이야기다. 그러니 주점이나 슈퍼 등 주류 판매처에서 구태여 팔리지 않는 제품을 들여놓을 이유가 없다. 그래서 다른 지방에 가서 술집에 들르면, 사방에서 들려오는 낯선 사투리 속에서 생전 처음 보는 소주를 마시게 되는 경우가 생기는 것이다. 맥주나 청주 등 다른 주종에서는 찾아볼 수 없는 소주만의 유별난 특징이다.

팔도마다 특정 소주가 대세를 이루다 보니 집을 떠나와 타 지역에서 살고 있는 사람들은 예전에 동네 친구들과 마시던 고향 소주를 그리워하기도 한다. 소주 브랜드마다 차이를 느낄 정도로 맛이 다르냐고

: 지역별 소주 브랜드 :

참이슬

처음처럼

서울/ 경기도

강원도

O2린

충청남도

충청북도

시원한 청풍

경상북도

참소주

전라북도

경상남도

부산

하이트

전라남도

제주도

시원

잎새주

화이트

한라산물 순한소주

물어보면 "나는 잘 모르겠넌데"라든가, "다르긴 한데 취하고 나면 맛은 다 거기서 거기"라든가, 사람마다 대답은 제각각이다. 고향 소주를 그리워하는 것은 아마도 그 맛을 잊지 못해서가 아니라 추억과 향수 때문일 것이다.

물론 각 소주 제품마다 맛과 주질의 차이가 있다. 다만 블라인드 테스트를 하면 전문가조차 분별하기 어려울 정도로 구분이 어렵다. 우리나라 희석식 소주는 기본 원료인 주정이 같기 때문이다. 모든 제품이 쌀, 보리, 고구마 등을 섞어 증류한 비슷한 주정을 쓴다. 결국 첨가물의 배합과 기술적인 공법, 물에 의해 미묘하게 맛이 달라진다. 이런 미묘한 차이에도 불구하고 지역 소주에 대한 지역민의 애착은 대단하다. 입맛과 기호란 쉽게 변하는 것이 아니기 때문이다.

: 지역별 소주 업체 및 주요 소주 브랜드:

지역	수도권			수도권·강원		대구·경북
업체명	진로			롯데		금복주
대표 브랜드	참眞이슬露	참이슬 fresh	진로제이	처음처럼	처음처럼 cool	참소주
	20.1도	19.5도	18.5도	19.5도	16.8도	19.3도
	1000도로 구운 대나무숯으로 4번 여과	핀란드산 순수 과당 사용	해양 심층수를 함유한 웰빙주	알칼리 이온수로 만든 부드러운 소주	알칼리 이온수로 만든 저도주	순한 맛, 숙취 해소에 좋은 아스파라긴 함유

지역	경남		부산		광주·전남	
업체명	무학		대선		보해	
대표 브랜드	화이트	좋은데이	시원	봄봄	잎새주	천년잎새
	19.9도	16.9도	19.8도	16.7도	19.5도	22도
	지리산 천연 암반수 사용	지리산 천연 암반수로 만든 저도주	해양 심층수 미네랄 첨가	여자를 위한 저도주	단풍나무 수액을 함유한 싱그러운 소주	쌀, 보리 곡물 주정을 함유한 메이플 소주

지역	대전·충남	충북	전북	제주	
업체명	선양	충북소주	보배	한라산	
대표 브랜드	O2린	시원한 청풍	하이트	한라산물 순한소주	한라산
	19.5도	19.5도	19.5도	19.8도	21도
	산소 함유량이 많은 웰빙 소주	초정 천연 암반수 사용, 아스파라긴산 함유	3단 여과 공법, 아스파라긴산, 자일리톨 함유	화산 암반수로 만든 깨끗한 프리미엄 소주	알카리성 천연 암반수사용

소주 VS 소주

●　　　　희석식 소주가 등장한 이후 지난 40여 년 동안 소주 시장은 많은 세대교체와 변화를 겪으며 시대에 따라 치열한 전쟁을 벌여왔다. 그러한 과정 속에서 소주는 많은 사람들이 즐겨 마시는 '대 중주'로 부상했으며, 보통 사람을 대변하는 상징적인 '서민주'가 됐고, 한국인이 가장 좋아하는 '국민주'가 됐다.

1970년대 - 지역 소주 탄생

1965년에 희석식 소주가 등장한 이후 1970년대까지만 해도 전국에는 크고 작은 소주 업체가 난립하고 있었다. 그중에는 시설이 열악한 부실 업체가 많았고 영세한 주조장에서 저질 소주가 만들어져 유통되기도 했다. 질 나쁜 소주는 국민 건강에 위협적이었다. 또한 업체 수가 많다 보니 판매 경쟁이 과열되고 유통과 공급이 제대로 통제되지 않았으며, 가격도 들쭉날쭉해서 소비자 피해는 물론 조세를 거두는 일에도 불합리한 면이 많았다. 이에 국세청은 1973년에 소주 업체를 정비하고 통폐합하기 시작했다. 소주 업체뿐만 아니라 3,500여 개에 달하는 모든 주류 업체가 이와 같은 개혁 조치를 거쳤다. 그 결과 지금처럼 각 지역별로 하나씩, 총 10개의 소주 업체로 모두 흡수·통합됐다. 이러한 '1도 1사 원칙'은 현재까지 적용되고 있다.

　1973년에 소주 업체를 정비한 국세청은 이듬해에 주정 배정제를 실시했다. 1974년부터 1993년까지 시행된 주정 배정제는 국가가 소주의 원료인 주정을 일정량씩 업체에 배정하는 제도다. 여기에 자도주 50퍼

1973년 이전까지만 해도 소주의 알코올 농도는 30도가 전부였다. 그런데 기존보다 알코올 도수가 5도나 낮은 25도짜리 진로소주가 나오자 시장은 바로 돌변했다. 사람들에게 '소주의 원래 알코올 농도는 25도'라는 인식이 생긴 것이 이때부터다. 그도 그럴 것이 23도짜리 참이슬이 인기를 모을 때까지 사람들은 장장 25년간 25도짜리 소주만 마셨기 때문이다.

1973년에 시판된 25도 진로소주는 녹색 병이 아닌 푸른색을 띤 투병한 병이었고 뚜껑도 돌려 여는 형태가 아닌 맥주처럼 병따개로 따는 형태였다.

**1970년대
소주는
톡 쏘는
25도가 대세**

1970년대 초반 진로소주의 인기는 대단했다. 당시 진로에 맞서 강력한 맞수로 등장한 것이 강원도의 '경월소주'였다. 진로소주와 경월소주의 맛은 애주가를 둘로 나누는 기준이 되기도 했다. 진로가 달달한 맛인 반면 경월은 쓰고 독한 맛이었다. 그래서 강원도 사람이 서울에 올라와 진로를 마시게 되면 소주에 조미료를 많이 넣었다며 투정했고, 서울 사람은 강원도에서 경월을 마시곤 너무 쓰고 알코올 냄새가 난다고 하기도 했다. 아무튼 이런 차이로 어떤 술자리에서는 진로파와 경월파의 신경전이 벌어지기도 했고, 30도짜리 독한 소주가 그리웠던 사람들은 쓴맛이 강한 경월소주를 찾기도 했다.

**맞수 등장
진로 vs 경월**

센트 구입 의무화를 시행하면서 지금과 같은 지역 소주의 개념이 만들어졌다. 이는 판매상들에게 해당 지역의 소주 회사 제품을 50퍼센트 이상 의무적으로 구입하게 한 제도다. 이로써 각 시·도 내의 소주 공급을 10개 업체가 사이좋게 분할·주도하게 된 것이다.

물론 인기가 많은 소주 회사 입장에서는 불리한 제약이었고, 소비자들에게는 기호에 따른 선택의 폭이 좁다는 문제가 있었다. 그래서 부산에서 진로소주를 먹고 싶어도 수량이 동나고 없으면 서울로 기차를 타고 가야 마실 수 있다는 과장된 말이 나오기도 했다. 이런 불만을 잠재우기 위해서 한 고위 공무원은 "나는 부산에 가면 식당에서 진로소주 한 병, 대선소주 한 병 그리고 목포에 가면 진로소주 한 병, 보해소주 한 병을 마신다"라며 지역 소주를 마셔줄 것을 당부하기도 했다. 그럼에도 초기엔 이 제도에 대해 이런저런 불만들이 많았다. 그래서 과거의 지역 소주 회사들은 판매율을 높이기 위한 방안으로 지역민의 애향심을 호소하는 광고를 내기도 해 "내 고장의 술"이라든지 "○○산의 맑은 물로 만든 ○○소주" 같은 문구가 자주 등장했다. 지역민의 민심을 잡아야 했던 것은 총선 후보자들만이 아니었던 것이다. 지역 소주들도 민심과 애향심을 호소했다. 우리나라 소주가 향토색이 진한 것은 이런 이유들 때문이다.

1980년대 - 색깔 전쟁·맛 전쟁

1980년대는 소주 시장이 날개를 달고 쑥쑥 성장했던 시기였다. 불경기로 주류 업계가 고전을 면치 못하고 있을 때도 소주 수요만은 꾸준히 늘어났다. 소주가 더욱 상승세를 타게 된 것은 아시안게임과 서울 올림픽의 역할이 컸다. 이때는 소주뿐 아니라 주류 업계 전반이 호황

소주의 첨가물

희석식 소주에는 맛을 내기 위해 감미료, 즉 각종 첨가물이 들어가는데 사용할 수 있는 종류는 주세법에 명시된 것들만 가능하다. 첨가물의 종류로는 설탕보다 당도가 300배가량 높은 스테비오사이드와 200배가량 높은 아스파탐, 청량감을 주는 구연산, 그리고 올리고당, 솔비톨, 자일리톨, 꿀 등이 있다. 또한 종류뿐만 아니라 투여량도 제한돼 있다. 현행 주세법은 희석식 소주의 첨가물 사용량을 총량의 2퍼센트 이내로 규정하고 있다. 그 이상을 초과할 경우 기타주로 주종이 변경되기 때문에 소주라 할 수 없다.

알코올 도수와 광고

우리나라에서 17도 이상의 고도주는 TV 등 전파 매체를 통한 광고가 허용되지 않는다. 맥주나 과실주 광고는 심야에 TV 화면에서 볼 수 있지만 소주나 위스키는 신문, 잡지 같은 인쇄 매체에서만 볼 수 있는 이유다.

을 누리며 경쟁력 있는 신제품 개발에 박차를 가했다.

1980년대 소주 전쟁의 역사에서 가장 큰 화두는 바로 첨가물이었다. 1989년 보해양조가 국내 최초 '무無사카린 소주'를 출시하면서 첨가물을 어떻게 배합해서 조화로운 맛을 낼 것인지 중요해졌다. 결국 맛과 건강, 두 마리 토끼를 잡는 것이 소주 전쟁의 새로운 과제가 된 것이다.

소주병은
왜 모두
녹색일까

1980년대만 해도 소주병은 청색 혹은 갈색이었다. 소주병을 청색과 갈색 두 가지 색으로 구분한 이유는 용도 표시 때문이었는데 음식점용은 청색, 소매점이나 슈퍼에서 파는 일반소비자용은 갈색이었다. 소주병이 색깔의 제약에서 자유로워진 것은 1984년도에 병 색깔이 아닌 상표로 용도를 구분하게 되면서다.

그렇다면 소주는 언제, 어떤 이유로 녹색 병 일색이 된 걸까. 그것은 1994년 출시된 '경월그린소주'의 성공 때문이었다. 당시 경월그린소주는 '그린'이라는 브랜드 이름을 앞세우며 친환경 이미지 마케팅을 했다. 깨끗하고 부드러운 소주라는 점을 강조하기 위해 자연의 색을 상징하는 녹색 병을 사용했는데 소비자들의 반응은 폭발적이었다. 그러자 새로 출시하는 소주들도 잇따라 녹색 병을 사용하면서 '소주병은 녹색'이라는 공식이 생기게 됐다.

녹색 병 공식을 깨기 위해 1990년대에 검은색, 짙은 청색, 투명 등 새로운 색깔의 병 제품이 연이어 도전장을 내밀었지만 번번이 실패했다. 이미 소비자들은 녹색 병이 주는 순하고 부드러운 느낌에 너무나도 익숙해져 버렸기 때문이다.

1990년대 – 다양화·고급화

국민 소득이 향상되고 기호가 다양해지면서 고급화와 저도주를 선호하는 경향이 점점 강해졌다. 저렴하고 독한 술로 자리매김한 소주에게 이런 흐름은 분명히 위기였다. 주류 개방으로 외국 술이 쏟아져 들어왔고, 소주는 위스키나 사케와 경쟁했을 때 살아남을 수 있는 변화가 필요했다. 희석식 소주의 진화는 당면 과제였다.

최초의 프리미엄 소주는 1996년에 출시된 보해양조의 '김삿갓'이다. 김삿갓은 합성 감미료가 아닌 천연 벌꿀을 사용해 맛을 냈다. 부드러운 맛과 은은한 향이 특징이며, 검은색 병에 검은색 라벨을 붙인 파격적인 디자인으로 기존 녹색 병 소주와 대비되는 차별성을 강조했다. 김삿갓의 성공은 소주의 품질 경쟁을 불러왔다. 이후 출시된 프리미엄 소주로는 진로의 참나무통맑은소주, 두산의 청산리벽계수·백록담, 백학의 정이품, 보해의 곰바우, 보배의 이몽룡, 대선의 암행어사, 금복주의 독도·영의정, 선양의 황진이, 무학의 태백이 등이 있다.

이 외에도 다양한 신제품이 개발되면서 소주 시장의 주도권 경합은 뜨거워졌다. 첨가물을 넣지 않은 시티소주, 숙취 해소에 좋은 아스파라긴을 함유한 참소주, 100퍼센트 백미 주정을 사용한 뉴화이트, 벌꿀을 함유한 시원소주, 쌀로 빚은 미소주 등이 이때 나온 제품이다. 언뜻 봐도 이전 제품들과는 확연히 다른 차이가 느껴진다. 그것은 바로 소비자에 어필되는 명확한 콘셉트가 생겼다는 것과 회사명을 그대로 차용한 것이 아닌 개성 있는 제품명을 사용하기 시작했다는 것이다.

이후 주도권 경쟁에서 중요한 요인으로 떠오른 것이 바로 알코올 도수였다. 25도짜리 소주를 대체할 '적당히 순하고 맛있는 소주'를 찾는 것이 관건이었다. 순한 소주의 첫 등장은 다소 파격적이었다. 1992년에 알코올 도수가 15도밖에 되지 않는 보해라이트가 나온 것이다. 소주의 알코올 농도는 25도라는 공식이 있던 때에 무려 10도나 낮춘 소주의 등장은 대중의 외면을 받았다. 소비자들에게 가장 좋은 반응을 얻은 것은 바로 23도였다. 기존 25도 소주와 도수 차이가 적어 거부감이 없고 맛은 순했기 때문이다. 23도짜리 소주가 결정적으로 입지를 굳히게 된 것은 1998년에 진로가 참이슬을 내놓으면서였다. 참이슬은 출시와 동시에 빅히트를 쳤다. 6개월 만에 1억 병이 팔렸으며 2001년부터 8년 연속으로 세계에서 가장 많이 팔리는 증류주로 선정됐다.

2000년대 - 웰빙·개성의 소주

2000년대 중반까지 소주 시장은 비교적 안정기였다. 저도화 추세는 계속 이어져 23도였던 알코올 도수는 2001년에 22도로 떨어졌고 2004년에는 21도까지 내려갔다. 이렇게 소리 소문 없이 조용히 진행되던 소주의 저도화는 2006년에 수면 위로 떠오르면서 주류 업계의 최대 이슈로 부각됐다. 당시 경쟁 구도가 가열된 것은 '처음처럼'의 등장 때문이었다. 이에 참이슬은 20.1도로 리뉴얼하고 20도의 벽을 깬 19.8도의 참이슬 fresh를 내놓으면서 경쟁에 불을 붙였다. 현재까지 출시된 가장 도수가 낮은 소주는 2009년 대선주조가 내놓은 봄봄으로 16.7도다.

최근 소주의 트렌드는 알코올 함량은 낮고 좋은 물과 원료를 사용한 '웰빙 소주'이자, 젊은 층에게 어필하는 '개성 있는 소주'다. 물론 지금도 지역 소주의 위세는 대단하다. 그러나 과거에 비해 고향 소주에 대한 충성도가 떨어지고 있는 것이 사실이다. 술을 고를 때 '감성' 못지않게 '기호'도 중요해진 것이다. 소주는 점점 더 순해지고 있는데 경쟁은 점점 더 독해지고 있다.

하이트맥주 vs 오비맥주

● 　　　　맥주는 세계인의 폭넓은 사랑을 받는 오랜 역사를 가진 술이다. 맥주를 뜻하는 비어beer의 어원은 마시다는 뜻을 가진 라틴어 비베레bibere나 곡물을 뜻하는 게르만어 베오레bior에서 유래됐다고 전해진다.

고대의 맥주는 단순히 빵을 발효시킨 것으로 이집트 왕조의 무덤에는 비교적 상세한 맥주 제조법이 그려져 있다. 현재와 같은 맥주는 8세기에 중부 유럽에서 홉hop을 재배하기 시작하면서 만들어졌다. 탄산가스를 넣어 맥주를 만든 것은 더 이후의 일이다. 맥주의 장기 보관과 대량생산이 가능해진 것은 19세기 프랑스의 루이 파스퇴르가 열처리 살균법을 발명한 것이 전기가 됐다. 이전의 맥주는 거친 생맥주 형태였으나 저온 살균법에 의해 오늘날과 같은 질 좋은 맥주를 마실 수 있게 됐다.

맛있는 맥주를 만들기 위해서는 알맞게 발아된 맥아와 깨끗하고 좋은 물이 중요하다. 잘 자란 보리의 싹을 틔워 맥아를 만든 후 이것을 분쇄해 맥아즙을 걸러낸다. 여기에 홉을 첨가하는데 홉은 맥주의 향을 더해주고 쌉쌀한 맛을 낸다. 홉을 섞은 맥아즙을 끓인 뒤 냉각하고 효모를 넣어 발효시킨다. 그리고 숙성된 것을 여과해 찌꺼기를 제거하면 쌉쌀하고 톡 쏘는 맛이 일품인 생맥주가 만들어지는 것이다.

호프집에서 주로 마시는 생맥주와 슈퍼에서 파는 병맥주·캔맥주의 차이는 살균 유무에 있다. 생맥주는 살균하지 않은 것으로 효모가 살아 있기 때문에 장기 저장이 어렵지만 맥주 본연의 맛과 향을 제대로 즐길 수 있는 장점이 있다. 병이나 캔에 들어가는 맥주는 살균 처리로 효모를 제거해 1년 정도 장기 저장이 가능하도록 만든 것이다.

우리나라에 처음 들어온 맥주는 구한말 일본인들이 가져온 삿포로맥주, 에비스맥주, 기린맥주였다. 이후 1933년 일본의 대일본맥주 주식회사가 세운 '조선맥주'와 같은 해에 기린맥주 주식회사가 세운 '소화기린맥주'가 우리나라 맥주 회사의 시초다. 이 두 업체는 해방 이후 민간 기업으로 거듭나 지금의 하이트맥주, 오비맥주로 성장해 우리나라 맥주 산업의 양대 산맥이 됐다.

1950년대에는 집집마다 빨간 왕관 라벨이 붙은 유리 맥주잔이 있었다. 그때까지는 조선맥주 회사의 크라운맥주가 최고의 인기를 누렸기 때문이다. 이후 동양맥주 회사가 내놓은 오비맥주가 대세를 잡으며 40년간 부동의 1위 자리를 지켰다. 회사의 사활을 건 신제품 출시에 골

몰한 조선맥주는 1993년 5월 하이트맥주를 출시하며 승부수를 던졌다. 하이트맥주는 맥주 시장에 큰 바람을 일으키며 히트를 쳤고, 조선맥주 회사는 50여 년 만에 1위 자리를 탈환하며 사명까지 하이트맥주로 교체했다. 당시 대중들의 환경과 건강에 대한 관심이 높아진 점에 주목한 '100퍼센트 지하 암반 천연수로 만든 맥주'라는 콘셉트가 적중했던 것이다. 오비맥주의 경우 저온발효 공법을 강조해 고급화 전략을 써 장년층 남성들의 지지도가 높은 편이고, 카스는 '국내 유일 100퍼센트 비열 처리 맥주'라는 콘셉트로 젊은 층에게 많은 지지를 받았다.

술은 날씨와 계절에 따라 영향을 많이 받는다. 그중에서도 특히 맥주는 기복이 심한 편이다. 추운 1, 2월에 인기가 크게 떨어지고 여름엔 더울수록 판매량이 올라간다. 날씨보다 재미있는 것은 맥주와 스포츠의 관계다. 월드컵이나 올림픽 등 스포츠 경기가 있는 시즌에는 맥주를 찾는 사람들이 크게 늘어난다. 1988년 서울올림픽 때 맥주 시장은 가장 큰 성장률을 기록했고 2002년 한일 월드컵 때는 사상 최고 판매량을 경신했다. 폭염의 날씨에 대형 스포츠 경기가 있는 날은 그야말로 맥주의 날인 것이다.

술이 담긴 외국 속담 2

: 인생은 짧다. 그러나 술잔을 비울 시간은 아직 충분하다 _**노르웨이**

: 부자가 넘어지면 재난이라고 말하고 가난한 자가 넘어지면 술에 취했다고 한다 _**터키**

: 값비싼 것은 오직 첫 번째 술병뿐이다 _**프랑스**

눈으로 마시는 맥주

맥주병은 왜 대부분 짙은 갈색일까? 맥주는 자외선에 노출되면 금방 상해버리기 때문에 자외선을 차단해 맛이 변질되는 것을 막기 위해서다. 투명한 병에 담긴 맥주는 특별히 빛에 강한 효모를 사용해 변질을 억제한 경우다.

맥주는 색이 중요한 술이다. 색이 짙을수록 알코올 함량이 높고 맛도 진하기 때문이다. 밝은 노란색의 맥주보다는 짙은 갈색의 맥주가 도수가 높으며 쓴맛이 진하다. 특히 흑맥주는 추운 북유럽에서 즐기던 맥주로 칼로리가 높아 겨울철에 마시기 좋다. 흑맥주의 색이 진한 이유는 높은 열로 까맣게 태운 맥아를 이용하기 때문이다.

캡틴큐와
나폴레온

●   우리나라 사람들은 양주라고 하면 보통 위스키를 떠올린다. 위스키는 만들어진 지역에 따라 아일랜드의 아이리시Irish 위스키와 스코틀랜드의 스카치Scotch 위스키 등으로 나뉜다. 초기의 위스키는 지금처럼 풍부한 맛이 아니었다. 18세기 초 영국이 술에 높은 세금을 부과하자 밀조자들이 산에 숨어 위스키를 만들었는데 급하게 만들다 보니 맥아를 건조할 때 이탄泥炭을 쓴 후 증류한 술을 빈 포도주 통에 담아 땅에 묻었다. 시간이 지난 후 묻어둔 통을 열어보니 처음엔 아무 색이 없던 술이 호박색의 짙은 향을 풍기는 훌륭한 술로 변해 있었다고 한다. 이것이 세계적인 명주 스카치위스키의 탄생 비화다.

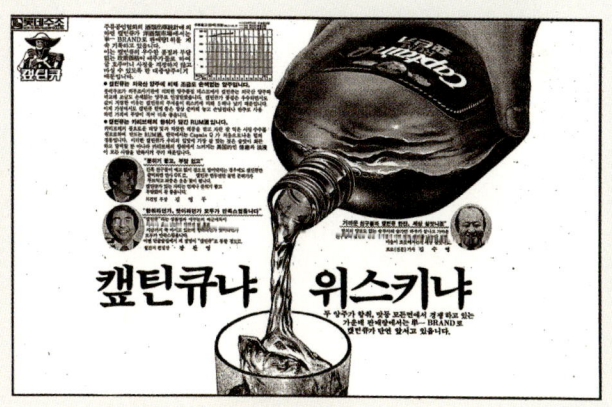

우리나라에서 100퍼센트 원액 양주가 출시되기 전에 '합성 양주'라는 것이 있었다. 1970~1980년대에는 양주 수입이 규제되던 때라 수입 양주 원액을 20퍼센트 정도만 넣고 만든 합성 양주가 큰 인기였다. 당시 국산 양주 가운데 위스키가 들어간 '베리나인', 보드카가 들어간 '하야비치', 브랜디가 들어간 '나폴레온', 그리고 럼이 들어간 '캡틴큐'는 애주가들의 로망이었다.

특히 캡틴큐와 나폴레온의 인기가 높았다. 검은 안대를 한 해적 선장의 얼굴이 로고로 박혀 있는 캡틴큐는 비싼 수입 위스키에 대적하기 위해 야심차게 내놓은 저렴한 국산 양주였다. 캡틴큐에 들어가는 럼은 '바다 사나이의 술'이라는 애칭이 붙어 있는 술로, '캡틴'이라는 제품명과 선장의 얼굴이 들어간 로고는 바로 럼을 상징하는 것이었다. 1980년 롯데주조가 이 술을 내놓았는데 다음 해 판매량이 1,000만 병을 넘길 정도로 인기였다. 나폴레온은 1981년 해태주조에서 만든 술로 '고급 포도 원액 20퍼센트'라는 광고 문구처럼 브랜디를 섞은 알코올 도수 40도의 고도주였다. 캡틴큐와 나폴레옹은 패스포트나 썸싱스페셜 같은 후발 주자가 등장하면서 서서히 인기가 식다가 1990년 주류 수입 개방으로 소비가 크게 줄어 지금은 소량만 생산되고 있다.

브랜디brandy

브랜디는 향이 강하고 맛이 진해 '술의 여왕'이라고 불린다. 브랜디는 와인을 증류한 후 오크통에 넣어 숙성시킨 증류주로 응축된 와인의 향미와 오크향을 느낄 수 있다. 6리터 이상의 와인을 증류해야 1리터의 브랜디를 만들 수 있기 때문에 귀하고 비싸다. 가장 유명한 브랜디는 코냑으로 프랑스 코냑 지방에서 생산되는 것을 뜻한다.

보드카vodka

보드카는 '물'을 뜻하는 러시아어 'voda'에서 유래한 말이다. 14세기 러시아에서 탄생한 보드카는 러시아와 폴란드에서 마시던 술로 제2차 세계대전 후 미국에서 소비가 증가하면서 전 세계로 퍼졌다. 보드카는 40도가 넘는 고도주라 칵테일로 마시는 경우가 많다. 우리나라 사람들은 처음 보드카를 마시고 목이 타는 것 같은 느낌이 난다며 불이 붙는 술, 화주火酒라고 불렀다.

럼rum

럼은 16세기 이전에 만들어져 18세기 유럽인의 상선을 타고 세계 각지로 전파됐다고 한다. 뱃사람들이 즐겼다고 해서 '해적의 술'로 불리는 럼은 서인도 제도의 토착 술이며 씁쓸하고 무거운 맛이 특징이다. 열도 지방에서 풍부하게 생산되는 사탕수수가 원료로 쓰이는데, 사탕수수로 설탕을 만들고 난 후 찌꺼기인 당밀을 발효, 증류한 것이 럼이다. 알코올 농도는 40~75도로 칵테일 재료로 쓰인다.

테킬라tequila

멕시코의 전통주인 테킬라는 멕시코의 테킬라 마을에서 만든 술로 이 지역에서 나는 블루 아가베라는 선인장을 원료로 만든 증류주다. 독특한 향이 나며 알코올 농도가 40도 이상인 테킬라는 마시는 방법이 독특하다. 먼저 라임 또는 레몬을 살짝 먹고 소금이나 커피를 조금 입에 넣은 후 테킬라를 한 번에 들이켠다. 1968년 멕시코올림픽을 계기로 여러 나라에 알려졌다.

위스키의
친구들
세계의
증류주

마주앉아 즐기는 와인, 마주앙

● 　　　　　넓은 의미에서 와인은 과일을 발효시켜 만든 술을 일 컫는다. 그러나 전 세계적으로 포도로 만든 것이 유명하기 때문에 일 반적으로 포도 와인을 와인이라고 한다. 고대 유적에서 발견된 씨앗과 토기, 성경에 등장하는 이야기로 볼 때 와인은 인류 최초의 과실주로 추측된다. 와인은 어원은 라틴어인 비넘vinum으로 '포도나무로 만든 술'이라는 뜻이다. 와인은 알코올 12도 내외의 저도주로 85퍼센트의 수분과 당분, 유기산, 미네랄, 폴리페놀 등이 함유돼 있다.

우리나라에서도 오래전부터 포도주의 일종인 머루주를 담가 마셨 다. 그러다 구한말에 유럽의 와인이 전해졌고 1960대에 국내 주류회 사에서 양조용 포도를 재배하면서 본격적으로 와인이 생산됐다. 현재 우리에게 가장 친숙한 국산 와인 '마주앙' 시리즈는 1977년에 처음 만 들어진 정통 와인으로 동양맥주현 오비맥주에서 만든 것이다. 마주앙은

'마주 앉아서 즐기다'라는 뜻으로, 이 제품은 출시 후 국내 와인 시장을 석권하며 인기를 끌었고 현재까지 국산 와인의 대명사로 손꼽힌다.

와인은 색에 따라 세 가지로 나뉘며 각각 맛과 어울리는 음식이 다르다. 화이트 와인은 투명보다는 옅은 노란색이나 황금색에 가깝다. 청포도나 분홍색 계열의 포도를 으깬 후 압착해 만들거나 적포도 껍질을 터뜨려 알맹이에서 얻은 과즙만 발효시켜 만든다. 화이트 와인은 상큼한 신맛이 나기 때문에 생선이나 해산물 요리에 곁들이면 좋고 차갑게 마셔야 제맛을 즐길 수 있다.

레드 와인은 적포도로 만드는데 껍질이나 씨에서 우러난 색에 따라 짙은 보라색, 자주색, 체리색 등 빛깔이 다양하다. 레드 와인은 묵직하고 떫은맛이 나므로 대부분의 음식과 잘 어울리며 약간 시원한 정도의 온도가 마시기에 좋다.

로제 와인은 장미로 만든 와인이 아니라 장밋빛이 감돌아 붙여진 이름이다. 적포도를 발효시키다가 어느 정도 색이 우러났을 때 껍질을 제거해 숙성하기 때문에 붉은색이 적다. 화이트 와인과 레드 와인을 섞어서 만들기도 한다. 따라서 로제 와인은 레드 와인과 화이트 와인의 중간 맛 혹은 화이트 와인에 좀 더 가까운 산뜻한 맛이 난다.

와인은 종류가 수천 가지에 이르고 여러 기준으로 분류된다. 한때 '와인 스트레스', '비즈니스 와인'이라는 말이 등장할 정도로 직장인들 사이에서 와인은 까다롭고 복잡한 술이었다. 그러나 술이란 즐기는 것이지 외우는 것이 아니다. 와인 역시 몇 가지 간단한 팁만 알면 누구나 쉽게 즐길 수 있는 술이다.

국회에 묻힌 노블와인

서울 여의도에 있는 국회는 1975년 이전까지만 해도 태평로에 있었다. 국회 이전을 앞두고 여의도 터가 풍수지리적으로 화기가 많다고 하자 불을 먹는다는 전설의 동물 '해태'상을 만들기로 했다. 그래서 당시 해태주조가 지금의 해태상을 기증하면서 자체 생산한 포도 와인을 해태상 아래에 기념으로 함께 넣게 됐다. 두 개의 해태상 아래 10미터 깊이로 구멍을 파고 석회로 감싼 와인을 항아리에 넣어 양쪽에 각각 36병씩 총 72병을 묻었다. 그리고 나라의 큰 경사가 있거나 통일이 되는 날, 혹은 100년 후인 2075년에 우리나라의 민주주의를 기념하며 이 와인을 꺼내 마시자고 약속했다. 국회의 해태상 아래에는 지금도 국산 와인 72병이 익어가고 있다.

전 세계인이 기다리는 올해의 와인, 보졸레누보

매년 11월 셋째 주 목요일은 전 세계 와인 애호가가 손꼽아 기다리는 날이다. 이날은 그해에 수확한 포도로 담근 와인인 '보졸레누보'가 전 세계 와인 매장에서 동시에 출시되는 축제의 날이기 때문이다. 보졸레누보는 프랑스 부르고뉴 보졸레 지방에서 8, 9월에 수확한 포도를 6주 정도 짧은 기간 동안 숙성시켜 만든 레드 와인이다. 막 딴 햇포도로 술을 담가 신선한 맛과 포도향이 강한 와인으로 신선도가 생명이기 때문에 만든 후 짧은 기간 내에 마시는 것이 좋다.

19세기 보졸레 지역의 노동자들은 10월 마지막 일요일마다 술집에 모여 그해 수확한 포도로 만든 와인을 시음하던 풍습이 있었다. 이것이 현재 '보졸레누보 축제'의 유래로, 매년 같은 날 전 세계에서 동시에 출시함으로써 마케팅 효과를 톡톡히 누리고 있다.

전통주의
유혹

●   전통주의 매력은 같은 술일지라도 어떤 재료를 더해 어떻게 빚어내는가에 따라 맛이 다양해진다는 것이다. 빚어낸 술 그대로를 즐기기도 했으나 풍미와 약효를 더하기 위해 다양한 부재료를 이용하는 경우도 많았다. 지금으로 치자면 일종의 첨가물을 사용한 셈이다. 주로 이용된 재료는 솔잎, 국화, 진달래, 인삼, 구기자, 복분자, 대추 등 주변에서 흔히 볼 수 있던 것들로 술의 향기와 색만으로도 계절과 자연의 정취를 느낄 수 있었다. 향과 색을 내기 위해 꽃이나 과일의 껍질을 이용한 전통주로는 솔잎과 국화를 넣어 향을 낸 송화주, 진달래꽃을 넣어 빚은 두견주, 국화를 넣은 국화주 등이 있다. 생약재

를 첨가한 소곡주, 신선주, 백일주, 구기주 등은 향은 물론 약효가 뛰어나 약주라고도 불렀다.

2009년 주류 시장의 최대 이슈는 전통주의 부활이라 할 수 있다. 위스키·소주 대신 약주·막걸리를 마시는 사람들이 늘어나는 까닭은 조금 더 약하고 순한 술, 이왕이면 몸에 좋은 술을 찾는 심리가 크게 작용하고 있기 때문이다. 일행들이 소주를 마실 때 나 홀로 '청하'를 시키는 아가씨, 백세주와 소주를 1대 1로 섞은 일명 '오십세주'를 만드는 청년, '복분자주'로 입맛을 돋우는 아저씨 등등 요즘 술자리에서 흔히 볼 수 있는 주당들이다.

복분자주

과실주는 집에서 과실에 소주를 붓고 설탕으로 맛을 내 다소 조잡하게 담근 경우가 많았다. 그런데 자연 발효를 거치지 않고 인위적인 방

법으로 술을 만들면 숙취를 일으키는 성분이 발생한다. 발표나 숙성이 덜 진행된 경우도 마찬가지다. 이 때문에 과실주는 맛은 좋아도 마시고 난 후 머리가 아픈 고약한 술로 인식되곤 했다. 판매용 과실주는 이런 고정관념을 바꾸었다. 토종 산딸기인 복분자는 피로 회복과 자양 강장에 좋고 항산화제인 폴리페놀 성분이 와인보다 높다. 보해 복분자주는 알코올 농도 15도로 맛과 향이 진하며 미국에서는 '럭비공 와인'이라는 애칭까지 얻으며 한국 와인으로서 높은 판매고를 올리고 있다.

청하

청하는 명절 때 제사상에서나 볼 수 있던 청주를 대중화시킨 브랜드다. 과거에 청주는 데워 먹는 경우가 많았다. 청주의 원료인 쌀에 숙취를 일으키는 성분이 있기 때문인데, 청주를 데울 경우 숙취를 유발하는 특정 성분을 없앨 수 있을 뿐만 아니라 맛도 좋았다. 그러나 도정 기술이 발달하면서 숙취의 원인을 제거할 수 있게 됐고, 차갑게 마셔도 제맛이 나는 냉청주가 등장했다. 그 대표적인 냉청주 제품이 바로 청하다. 1986년 백화양조에서 출시한 청하는 쌀의 외피를 깎아 만들어 숙취가 적고 저온에서 서서히 발효시켜 맛이 부드러우며, 다른 전통주와 달리 약재나 향료를 넣지 않아 맛과 향이 깔끔한 것이 특징이다. 청하에 들어 있는 아미노산류는 요리의 풍미를 더하고 뒷맛을 깨끗하게 해준다.

안동소주

안동소주는 40~45도로 입안에 머금었을 때 얼얼한 느낌이 들고 삼키고 나면 속에서 뜨거운 기운이 느껴지는 고도주다. 향이 강렬하며

단맛이 도는데 장기간 숙성할수록 더욱 깊은 맛을 낸다. 민간에서는
소화 불량, 배앓이 등에 약용으로도 쓰였다고 한다. 대중성을 고려해
20~30도 정도의 순화된 제품도 나오고 있다.

매취순, 매화수, 설중매

매실주는 향과 맛이 좋아 예로부터 민간에서 흔히 담가 마셨는데 피
로 회복과 체질 개선, 간을 보호하는 효과가 있다. 매실주는 인기가
많은 전통주인 만큼 다양한 제품이 시중에 유통되고 있다. 매취순은
5년간 숙성된 매실주 원액을 사용한 고급 매실주로 매실의 맛과 향이
진한 것이 강점이다. 매화수는 가격 거품을 뺀 저렴한 가격으로 많은
지지를 받았다. 은은한 향과 진한 뒷맛이 특징이다. 설중매는 병 안
에 매실을 넣어 신선함과 차별성 면에서 크게 이목을 끌었다. 국내
매실 명산지인 광양, 순천 지역의 매실을 사용해 만들며 맛이 달고
부드럽다.

막걸리의 재발견

●   1970년대는 술 공급이 폭발적으로 일어났던 시기다. 기술의 발달로 대량생산이 가능해졌고, 경제 발전과 서구화 붐을 타고 외래주인 맥주와 양주의 수요도 계속 증가했다. TV에 술 광고가 등장하기 시작했고 지방의 면마다 양조장이 들어섰다. 전에 없던 술 풍년이었다.

이렇듯 경제 발전으로 술 공급이 늘자 음주 문화도 달라졌다. 대학생들이 술 사발을 앞에 두고 진리와 자유를 논하며 밤샘 토론은 벌이는가 하면, 사업하는 사람들은 술자리에서 일을 성사시키는 경우가 많았다. 선거철이 되면 사람들이 모이는 곳마다 공짜 술이 돌기도 했다. 경제 수준이 높아지면서 행사나 술자리에서는 술을 넘치게 대접하는 것이 관행으로 굳어졌고, 가득 따라 주는 술만큼 인심도 넘친다고 여겼다. 이러한 사회 변화가 술의 공급을 더욱 부추기는 결과를 낳았고 음주량도 기하급수적으로 늘었다. 과음과 폭음이 우리 음주 문화의 한 흐름으로 자리 잡게 된 것은 이때부터였다.

1960~1970년대에 막걸리는 그야말로 최고의 전성기를 누렸다. 1960년대에는 전체 술 소비량의 80퍼센트, 1970년대에는 70퍼센트를 차지할 정도로 당시 막걸리는 주류 시장을 장악했다. 우리나라 사람들이 전통주라고 하면 막걸리나 동동주를 먼저 떠올리는 이유가 여기에 있다.

1974년의 막걸리 생산량은 168킬로리터로 역대 최고치였다. 면마다 들어선 양조장은 대부분 막걸리 양조장이었고 술은 곧 막걸리로 통할 정도로 주점은 온통 막걸리 일색이었다. 당시는 농촌의 많은 사람

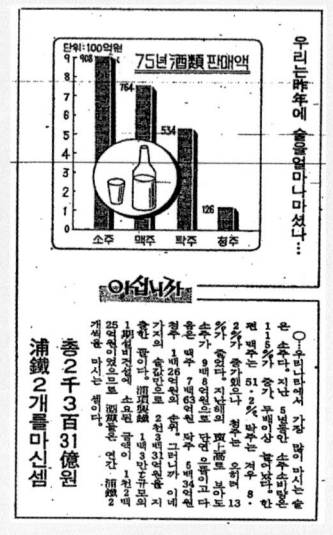

지난 5년 동안 소주 소비량은 115%가 증가, 두 배 이상 늘어났다. 한편 맥주는 51.5%, 탁주는 겨우 8.2%가 증가했으나 청주는 오히려 13%가 줄었다. (중략) 이 네 가지의 술값만으로 2천3백31억 원을 지출한 꼴이다. 포항제철 1백3만t 규모의 1기 설비 건설에 소요된 금액이 1천2백25억 원이었으므로 주당들은 연간 포철 2개씩을 마시는 셈이다.

《동아일보》, 1976년 7월 10일자 2면

들이 도시의 노동자로 흘러들던 때였다. 비록 밀 막걸리로 맛은 조금 달라졌지만 고향 생각과 타향살이의 설움을 달래주는 술은 막걸리로 통했던 것이다. 서민과 노동자뿐만 아니라 대학가의 학생, 문인, 언론인 들의 술자리에서도 주종은 거의 막걸리로 통일됐다. 광화문, 청진동, 무교동 일대에는 대폿집이 즐비했으며 동숭동 대학로에서 종로 5가 일대의 막걸리 주점은 단연 인기였다. 술 자체로의 인기도 높았으나 당시 막걸리가 지닌 문화적 가치는 대단했다.

막걸리는 술이 아니고

밥이나 마찬가지다

밥일 뿐 아니라

즐거움을 더해주는

하느님의 은총인 것이다

천상병, 「막걸리」

1970년대만 해도 전체 술 소비량의 70~80퍼센트를 차지할 만큼 애주가들의 절대적인 지지를 받았던 막걸리는 그동안 맥주·위스키·와인 등에 밀려 한물간 싸구려 술 취급을 받았다. 2000년대 초반까지 막걸리는 나이 지긋한 노인들이 마시는 술, 부침개를 먹을 때나 한잔 맛보는 술, 등산객들이 산 아래 주점에서 갈증을 푸는 술로 통했다. 또한 텁텁한 맛에 마시고 나면 속이 더부룩하고 머리가 아픈, 뒤끝이 좋지 않은 술이라는 인식도 컸다.

그런데 요즘 막걸리의 인기가 심상치 않다. 여러 가지 생과일주스와 혼합한 막걸리 칵테일이 여성과 젊은 층의 마음까지 사로잡고 있다. 더 이상 양은 주전자와 대접에 담긴 낡고 칙칙한 모습이 아니다. 생막걸리, 검은콩 막걸리, 알밤 막걸리, 고구마 막걸리, 현미 막걸리 등 다양하게 골라 마시는 재미도 한몫했다. 막걸리는 이제 벌컥벌컥 들이켜는 술이 아니라 눈과 입으로 음미하는 술이 됐다. 우리나라 막걸리의 인기는 이웃나라 일본에서 더 뜨겁다. 일본 신주쿠에는 30여 가지의 막걸리를 파는 '마코리' 전문 주점까지 생겼다. 막걸리의 부활은 기성세대의 향수나 애국심에 호소하지 않고 맛과 질·다양함을 무기로 20~30대의 입맛을 사로잡았다는 점에서 그 의미가 크다.

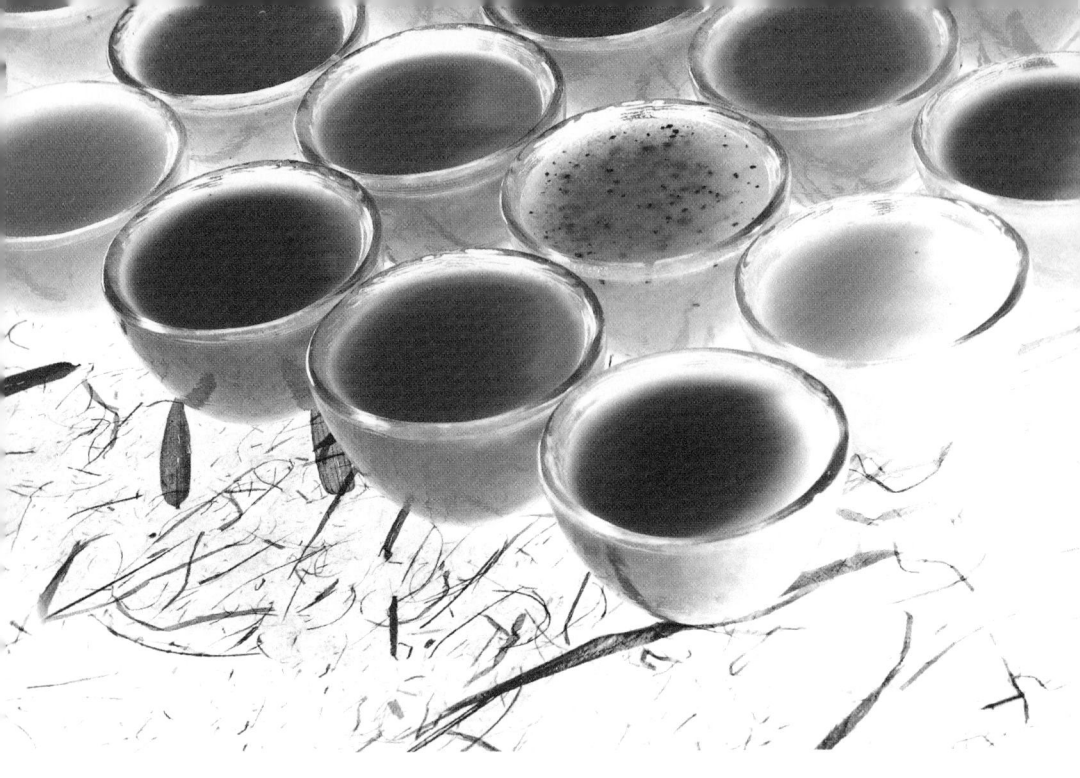

　막걸리는 곡식을 발효한 술로 김치나 된장처럼 유산균과 효모가 살아 있는 건강식품이다. 막걸리의 유산균은 면역력을 높여주며 배변 활동을 좋게 하고, 신맛을 내는 유기산은 피로 회복과 신진 대사에 도움이 된다. 게다가 쌀 한 가마니로 여섯 가마니 분량의 막걸리를 만들 수 있다니 막걸리는 재료의 6배에 달하는 양을 얻을 수 있는 경제적인 술이기도 하다.

　막걸리는 출고된 후 하루 이상 보관했다가 마시는 것이 좋다. 발효가 끝난 막걸리는 14~18도로 알코올 도수가 높고 걸쭉해서 물을 섞어 도수를 낮추고 농도를 맞춰야 한다. 이때 물이 술과 고루 섞여 맛이 좋아지는 데까지 하루 이상 시간이 걸린다. 생막걸리의 경우는 출고 후 2~3일 간 상온에 두거나 냉장고에 5일 정도 보관했다가 마시

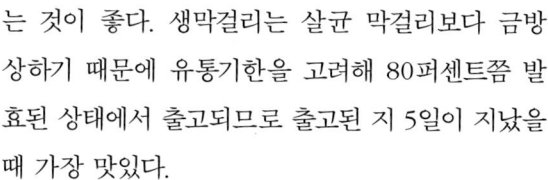

는 것이 좋다. 생막걸리는 살균 막걸리보다 금방
상하기 때문에 유통기한을 고려해 80퍼센트쯤 발
효된 상태에서 출고되므로 출고된 지 5일이 지났을
때 가장 맛있다.

살균 막걸리 vs 생막걸리

살균 막걸리와 생막걸리의 차이는 캔
맥주나 생맥주의 차이와 같다. 막걸
리나 맥주나 모두 발효주이기 때문에
숙성이 끝난 직후의 맛이 가장 좋다.
그러나 발효를 진행하던 효모가 살아
있기 때문에 변질 속도가 빠르다는 단
점이 있다. 생막걸리는 살균하지 않
아 효모와 유산균이 그대로 살아 있
어 맛이 뛰어나지만 저장 기간이 보통
10일 이내로 짧다. 최근 캔이나 페트
병에 담겨 유통되는 살균 막걸리는 6
개월에서 1년까지 장기 보관이 가능
하다.

세계 명주를 꿈꾸는
우리 술

● 　　　　멕시코 지방의 전통주였던 테킬라가 지금처럼 세계적
으로 유명한 술이 된 것은 멕시코올림픽 덕이었다. 우리나라도 서울
올림픽을 개최할 때 외국 관광객들에게 우리의 전통문화를 알리고자
숨어 있던 민속주 장인들을 찾아내는 작업을 했다. 그렇게 해서 1986
년에 민속주 46종이 지정됐다. 반세기 넘게 밀주라고 불리던 우리 술
이 오명을 벗고 원래 자리를 되찾은 것이다. 그러나 세계 명주가 되기
위해서는 국가적인 지원과 함께 좋은 계기라는 궁합이 맞아떨어져야
한다. 이에 지난 2008년 8월 국가경쟁력강화위원회는 '우리 술 산업
경쟁력 방안'을 발표하며 본격적인 우리 술의 세계화를 선언했다. 술
을 한국의 대표 브랜드로 만들겠다는 것이다. 잘 빚은 술이 군의 사기
를 높여 전쟁을 승리로 이끌었다는 고구려의 대무신왕 이야기처럼 잘
만든 우리 술이 한국을 알리고 외화를 벌어들이는 효자 종목이 될 것
이다.

　우리 술의 세계화 작업 중 애주가의 눈길을 끄는 방안은 뭐니 뭐니
해도 '우리 술 복원 프로젝트'라고 할 수 있다. 일제강점기와 1960년대
의 식량 정책 등을 거치며 맥이 끊긴 우리 전통주 가운데 50개를 추
려 2012년까지 모두 복원한다는 계획이다. 복숭아 꽃잎과 가지를 술
항아리에 넣고 숙성시킨 복숭아꽃 향이 가득한 '도화주', 술 색깔이
거울과 같이 맑고 아름답다는 '녹파주', 푸른 빛깔의 향기로운 술 '벽
향주', 달달한 맛과 향이 특이해 입에 머금으면 삼키기 아깝다는 '석

탄주' 등 들기만 해도 흥이 도는 이름의 술들이 줄줄이 복원을 기다
리고 있다. 『산림경제』, 『수운잡방』 등 조선 시대의 고서에 실린 제조
법을 토대로 최대한 원형 그대로 복원한 후 현대인의 입맛에 맞게 개
량할 예정이라고 한다.

재탄생하는 우리 명주 중에서 세계의 명주 반열에 서게 될 제2의 국
민주가 탄생할지도 모른다고 생각하면 설레는 마음이 더욱 커진다.

최근 서울의 한 유명 호텔 레스토랑에서 생맥주 다음으로 인기 있
는 술이 복분자로 만든 칵테일이라고 한다. 전통주는 나이 지긋한 어
른들 입맛에만 맞는 술이 아니라 세대와 성별, 국적을 아울러 모든 이
의 입맛에 맞을 수 있는 술이다.

6

술과 음식의
어울림

___

재료의 맛을 살리는 술,
요리의 향을 더하는 술,
음식의 결점을 보완하는 술,
식전에 입맛을 돋우는 술,
술은 오감을 만족시키는
신비로운 음식이다.

요리의
품격을 높이는
술

　　●　　　　　　요리 프로그램을 보면 거의 빠지지 않고 등장하는 음식 재료가 있다. 바로 술이다. 서양 요리에서는 거의 모든 음식에 와인이 들어간다고 해도 과언이 아닐 정도다. 한식에서도 청주나 맛술이

자주 이용되는 것을 볼 수 있다. 술은 뛰어난 향신료이자 음식의 식감을 더해주는 중요한 재료로, 오랜 시간 동안 동서양 모든 사람들의 입맛을 사로잡았다.

요리의 질을 업그레이드하는 술의 활용법을 통해 누구나 미식연구가가 될 수 있다. 술의 종류에 따라 어울리는 음식과 사용법을 알아보자.

고기 요리에 최상인 소주

소주의 강한 알코올 성분은 고기의 누린내를 없애주는 데 탁월한 효과가 있다. 또한 고유의 풍미로 향을 더해주며, 육질을 연하게 하여 씹는 맛을 높여준다. 소주는 값이 저렴하고 개봉한 후 오래 두어도 변질되지 않는 경제적인 술이다.

- 보쌈과 족발을 삶을 때 넣으면 연육 작용으로 고기를 연하게 하고 누린내를 없앤다.
- 오징어와 문어를 데칠 때 끓는 물에 1~2 큰술 넣으면 비린내가 사라진다.
- 불고기와 갈비 양념에 넣으면 풍미를 더하고 고기를 연하게 한다.
- 곱창구이, 제육볶음에 살짝 뿌려주면 고기 특유의 냄새를 없앤다.

국물 요리에 제격인 청주

서양 요리에 와인이 빠지지 않는 것처럼 우리 음식에는 청수가 널리 쓰인다. 청주는 맛과 향은 물론 음식에 윤기를 돌게 해 맛술로 널리 쓰이며 음식을 보관할 때도 유용하게 사용된다.

- 생선, 해산물을 씻을 때 비린내를 없애고 살균 작용을 한다.
- 생선을 조릴 때 양념에 넣으면 비린내가 사라지고 감칠맛이 돈다.
- 묵은 쌀로 밥을 지을 때 청주를 조금 넣으면 밥에 윤기가 돈다.
- 생선이나 다진 고기 표면에 청주를 살짝 바르면 오랫동안 보관할 수 있다.
- 호박산 성분이 들어 있어 찌개나 탕 등 국물 요리에 넣으면 시원하고 개운
  한 맛을 낸다.
- 간장으로 만드는 소스에 첨가하면 감칠맛이 난다.
- 일본식 달걀찜을 만들 때 다시마 우린 물에 넣으면 맛과 향이 좋아진다.

담백함을 살리는 맥주

맥주는 기름기를 없애고 육질은 연하게 하므로 쇠고기, 돼지고기, 오리고기가 들어가는 요리에 어울린다. 또한 맥주는 지방 성분을 제거하는 효능이 있어 요리를 담백하게 해주며 건강에도 좋다.

- 삼겹살을 맥주에 하루 정도 담갔다가 구우면 육질이 연해지고 고소한 맛이 난다.
- 고등어, 꽁치 등을 맥주에 담갔다가 요리하면 비린내가 없다.
- 바비큐 요리를 할 때 마지막에 맥주를 부으면 기름기는 줄고 육질은 쫄깃해진다.
- 튀김옷을 만들 때 반죽에 넣으면 맥주 고유의 향과 알코올 성분이 담백하고 독특한 맛을 낸다.

서양 요리의 포인트 와인

음식을 조리할 때 와인을 넣으면 알코올은 증발하고 맛과 향은 남아 풍미가 깊어진다. 해산물을 데칠 때 화이트 와인을 쓰면 재료 고유의 신선한 맛이 보존되며, 질긴 고기는 굽기 전에 레드 와인에 재워두면 부드러워진다.

- 토마토소스에 설탕 대신 레드 와인을 넣으면 은은하고 깊은 단맛이 난다.
- 필래프나 리소또를 만들 때 밥물에 와인을 섞어 지으면 향이 좋고 윤기가 흐른다.
- 수정과나 배숙을 만들 때 와인을 넣으면 쌉싸래하고 달콤한 맛이 난다.

향과 풍미를 더하는 위스키와 브랜디

증류주인 위스키와 브랜디는 향과 맛
이 독특하며 단맛과 잘 어울려 디저트
를 만들 때 주로 이용된다. 향미가 강
해 적은 양으로도 차와 음식의 풍미
를 더해준다.

• 커피나 홍차에 한두 방울 넣으면 더욱 깊
  고 풍부한 향과 맛을 느낄 수 있다.
• 부드러운 카스텔라 같은 빵을 보관할
  때 따뜻한 설탕물에 위스키를 넣어 뿌
  리면 빵이 굳지 않고 맛도 좋아진다.
• 고기를 재우거나 말린 과일을 불릴 때
  쓰면 부드러워지며 특유의 향이 더해져
  요리가 다채로워진다.

빵과 쿠키를 완성하는 럼

럼은 사탕수수를 증류하여 만든 술로 부드럽고 달콤하다. 칵테일이나
디저트를 만들 때 주로 이용되며 달걀 비린내를 없애주기 때문에 제
과에도 많이 쓰인다.

• 설탕 시럽에 럼을 넣어 팬케이크 등에 곁들이면 훌륭한 맛을 낸다.

• 생크림을 만들 때 레몬즙과 럼을 넣으면 거품도 잘 나고 맛도 진하다.

• 럼에 건포도나 체리 등 과일을 재웠다가 케이크를 만들면 반죽이 팽창돼
  케이크가 부드럽고 향이 좋다.

베스트 안주 궁합

●   소주 서너 잔이 밥 한 공기의 칼로리와 맞먹는다는 얘기를 들어본 적이 있을 것이다. 실제로 알코올 1그램은 7킬로칼로리의 열량을 낸다. 같은 양의 단백질과 탄수화물이 4, 지방이 9킬로칼로리인 것에 비하면 열량이 높은 셈이다. 그러나 술은 'empty calorie food', 즉 칼로리가 없는 음식이라고 불린다. 열량은 있지만 에너지로 방출될 뿐 축적되지 않기 때문이다. 그래서 술을 마실 때 식사를 거르는 것은 좋지 않다. 그런데도 주당들 중에는 밥을 먹으면 술맛이 없다며 빈속에 술을 마시는 사람들이 많다. 어떤 사람들은 살이 찐다고 안주 없이 강술을 마시기도 한다. 이는 상당히 위험한 일이다. 공복 상태에서 술을 마시면 위와 장이 비어 있어 술이 빨리 흡수되며, 보호막이 없는 것과 같아서 알코올의 직접적인 영향을 받는다.

술은 비타민과 무기질이 없으므로 이를 보완할 수 있는 안주가 영양학적으로 궁합이 맞는다. 또한 좋은 안주는 술맛을 더 좋게 한다. 술은 주종에 따라 좋은 안주, 어울리는 안주가 다르기 때문에 알아두면 좋다.

술안주 베스트 7

1 간세포의 재생을 돕는 수육

단백질은 술로 손상된 간세포의 재생을 돕는다. 육류는 포화 지방이 많기 때문에 조리 과정에서 기름기가 빠져나갈 수 있도록 수육으로 먹는 것이 좋다.

2 뇌에 좋은 버섯

버섯에는 라이신과 트립토판 같은 필수 아미노산이 풍부해 술로 인해 손상된 뇌세포에 영양을 공급한다.

3 엽산이 풍부한 곶감

술을 많이 마시면 엽산이 부족해지기 쉽다. 곶감은 엽산과 비타민C가 풍부하기 때문에 주당에게 안성맞춤인 안주다.

4 해독력이 높은 굴과 조개

굴과 조개는 고단백, 저지방 식품인 데다 간의 해독 능력을 높여주는 성분도 풍부하다.

5 중화 능력이 뛰어난 미역

우리 몸에 들어온 술은 해독 과정에서 산성 물질로 변하는데 이때 알칼리 식품을 섭취하면 중화된다. 미역과 같은 해조류는 뛰어난 알칼리성 식품이다.

6 알코올성 치매를 예방하는 날밤

밤은 알코올성 치매를 예방할 수 있는 비타민B1의 함량이 쌀의 4배 이상 많다. 또한 알코올 분해를 돕는 비타민C도 풍부하며 포만감을 높여주기 때문에 술안주로 제격이다.

7 뇌 신경 세포에 좋은 고등어와 꽁치

과음을 하면 뇌 신경 세포가 파괴되는데 고등어와 꽁치에는 DHA, EPA가 풍부해 뇌의 신경 조직을 복원하고 기억력을 높이는 데 도움이 된다.

해장술은 좋을까

●   해장에 가장 좋은 방법은 물을 많이 섭취하는 것이다. 알코올은 분해될 때 수분을 많이 사용한다. 과음한 다음 날 극심한 갈증을 느끼는 이유는 체내에 수분이 부족해 피가 끈적끈적해졌다는 신호다. 숙취 해소에는 꿀물, 식혜, 수박, 토마토, 과일 주스 등 수분과 당분, 비타민이 풍부한 음식이 좋다. 알코올 분해 과정에서 낮아진 혈당 수치를 높이고 해독을 돕기 때문이다.

나라마다 술 문화가 다르듯 해장 문화도 다르다. 미국인들은 날달걀에 소금, 후추, 토마토 주스 등을 섞어 마시고, 일본인들은 매실 장아찌의 일종인 우메보시梅干, うめぼし를 그냥 먹거나 녹차에 넣어 마신다. 독일인들은 소금과 식초에 절인 청어를 피클 양파에 싸서 먹는 롤몹스rollmops를 즐기며, 중국인들은 진한 녹차에 레몬이나 식초를 넣어 마신다. 놀랍게도 네덜란드인들과 러시아인들은 해장술을 마신다. 영어로 해장술은 hair of dog, 즉 개털이라고 한다. 미친개에게 물린 상처에는 그 개의 털이 좋다는 미신에서 나온 말이라고 한다. 물론 해장술은 숙취 해소에 전혀 도움이 되지 않는다. 상황을 더욱 악화시키기만 할 뿐이다.

해장에 좋은 음식

1 북엇국 : 북어는 다른 생선보다 지방 함량이 적어 맛이 개운하고 간을 보호하는 아미노산이 풍부해 숙취 해소에 좋다.

2 굴밥 : 굴밥은 과음으로 인해 불균형해진 영양 상태를 보완해준다. 굴은 생으로 먹는 것보다 콩나물 등과 함께 익혀서 먹는 것이 숙취에 좋다.

3 선짓국 : 선지는 철분과 단백질이 풍부한 식품으로 선짓국은 피로한 몸에 활력을 주고 주독을 풀어준다.

4 콩나물국 : 콩나물 속에 다량 함유돼 있는 아스파라긴은 알코올을 분해하는 효소의 생성을 촉진시켜 숙취 해소에 탁월한데 특히 콩나물의 꼬리 부분에 아스파라긴이 집중적으로 들어 있다.

5 녹차 : 녹차는 이뇨 작용을 도와주며 폴리페놀 성분이 들어 있어 숙취 해소에 도움이 된다. 감나무잎차, 우롱차 등도 좋다.

술, 맛있게 마시는 법

소주

시원하게 마시자

소주는 섭씨 5~8도의 시원한 온도일 때 가장 맛있다. 너무 차가우면 혀의 감각을 둔화시켜 음식 맛을 잃게 하고, 미지근할 경우에는 알코올 향이 많이 나서 술이 쓰게 느껴진다.

수분이 많거나 기름진 안주와 함께

소주는 도수가 높은 술이기 때문에 체내 알코올 농도를 낮춰줄 수 있는 탕이나 전골 등 수분이 많은 안주와 먹는 것이 좋다. 또한 위장을 보호할 수 있는 기름진 안주도 좋다.

청주

맛과 향을 음미하자

쌀과 누룩으로 빚는 청주에는 단맛, 신맛, 매운맛, 떫은맛, 쓴맛 등 다섯 가지 맛과 독특한 향이 있다. 이 특유한 맛과 향은 따뜻하게 마실 때 더 뚜렷하게 느낄 수 있다.

따뜻하게 혹은 시원하게

계절과 종류에 따라 겨울에는 따뜻하게 데워서, 여름에는 차갑게 보관해서 먹는 것이 청주를 제대로 즐기는 방법이다. 청주를 너무 뜨겁게 데우면 술 향기가 날아가 버리므로 유의해야 한다.

담백하고 깔끔한 맛의 안주와 함께

청주의 맛을 제대로 음미하려면 담백하고 깔끔한 맛의 안주와 함께 먹는 것이 좋다. 생선회나 구이 또는 전이나 산적 등 대부분의 한식과 잘 어울린다.

맥주

맥주는 거품이 생명이다

맥주의 거품은 부드럽고 톡 쏘는 맛을 더해줄 뿐더러 맥주 내의 탄산가스가 빨리 새어나가는 것을 막아주고 산화를 억제하는 보호막과 같은 역할을 한다. 맥주는 거품이 작고 균일하며 컵 높이의 20퍼센트가량 있을 때가 가장 맛있다.

신선도를 유지하라

맥주는 공장의 탱크 안에서 숙성을 끝내고 출하된다. 이때부터 시간은 맥주 맛의 적이다. 맥주를 오래 보관하면 신선도가 떨어지며 향도 사라지고 색깔은 갈색이 된다. 맥주의 제맛을 즐기기 위해서는 병맥주의 경우 1년 안에 마시는 것이 좋다.

시원하게 즐겨라

맥주는 온도가 높으면 청량감이 사라지고 거품이 많이 생기며 쓴맛이 강해진다. 반면 너무 차가우면 맥주 고유의 향미 성분을 제대로 느낄수 없게 되며 미각을 마비시켜 싱겁게 느껴진다. 맥주의 적정 온도는 여름에는 섭씨 5~8도, 겨울에는 8~12도, 봄·가을에는 6~10도이며, 생맥주는 이보다 시원한 3~4도가 가장 맛있다.

공법에 따라 골라 먹자

맥주는 만드는 공법에 따라 맛이 다르다. 시중에서 흔히 볼 수 있는 맥주도 자세히 보면 공법이 각기 다른 것을 알 수 있다.

라거Lager	탱크에서 저장·숙성해 맛이 섬세하고 풍부하다.
라이트Light	라거에 비해서 알코올 농도나 칼로리가 낮은 맥주다.
드래프트Draft	살균하지 않은 비열 처리 맥주로 부드럽고 깨끗한 맛이다.
블랙Black	발효 효모로 만든 흑맥주로 향이 강하고 감칠맛이 많이 난다.
스타우트Stout	색깔이 진하고 엿기름의 고소한 맛이 강하다.
아이스Ice	온도를 낮춰 맥주 안의 물을 얼게 해 알코올 도수를 높인 것으로 시원함과 청량감이 강하다.

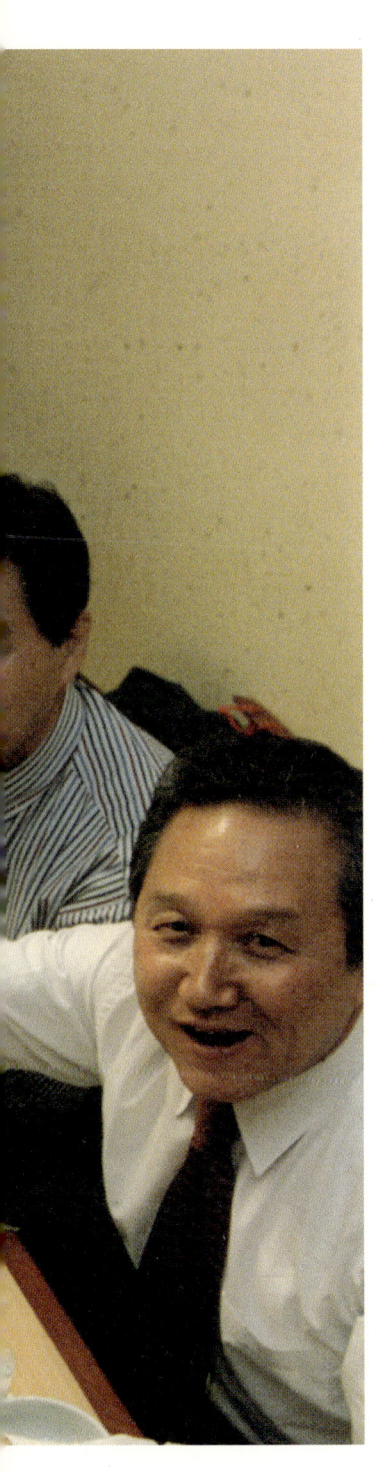

7

계 영 배 의
마　　　음

———

술이 몇 순배 돌고 나면
사람들은 서로 농화돼
깊은 속내를 공유하며 진한 동지애를
느끼게 된다.
건배를 하는 술잔 속에
'피보다 진한 연대 의식'이 생기는 것이다.
술은 '술' 그 자체보다
'마시는 행위'가 더 중요하다.

술 동지와
알코올 연줄

● 　　　한국인의 술 문화는 조직적이며 비자발적이다. 술 자체를 좋아해서 마시는 경우보다 친목을 위해, 필요에 의해 술을 마시는 경우가 많다. 외국의 직장인들은 업무가 끝난 후 친구나 가족과 함께 술을 마시는 경우가 많은 반면, 한국의 직장인들은 직장 상사나 동료와의 회식, 고객 접대 등의 술자리가 많다. 직장인들의 술자리는 조직원들의 단결력과 친밀도 형성이 주목적이다. 건배를 하면서 '위하여', '나가자' 등의 구호를 외치는 것도 이런 이유에서다.

　술자리를 자꾸 피하면 사회성이 떨어지는 사람으로 오해를 받기도 하며 자연스레 외톨이가 되기도 한다. 직장인들의 술자리는 대게 동료 또는 상하 간의 격의를 없앤다는 명목 아래 상사 주도로 폭탄주를 돌리거나 원샷을 강요하는 분위기가 있다. 또한 자리를 옮겨가며 1차, 2차, 3차로 이어지는 술을 마신다. 차수가 많다 보니 취하는 경우가 다반사다. 마지막 차수까지 남은 주당들은 서로 '진정한 술꾼', '정예 멤버'로 부르며 밀접한 유대감을 형성하기도 한다. 직장인들의 술 문화가 과음으로 이어지는 이유다. 잦은 음주와 폭음으로 인한 직장 내 손실은 득보다 크다. 과음으로 인한 결근이나 업무 집중력 저하는 결국 기업의 경쟁력과 연결되기 때문이다.

　한국인들이 모이는 자리에는 어김없이 술이 등장한다. 한국인에게 술은 대화와 유대 관계에 반드시 필요한 매개이자 수단이다. 동창회, 송년회 등 모임과 피로연, 환갑잔치, 대학가의 축제에도 술이 빠지지 않는다. 정情의 문화를 가진 한국인들은 술자리를 통해 인간관계가 돈독해진다고 생각하기 때문이다. 술이 몇 순배 돌고 나면 흥이 나고 사람들은 서로 동화돼 깊은 속내를 공유하고 진한 동지애를 느끼는 듯 분위기가 고조된다. 건배하는 술잔 속에 '피보다 진한 연대 의식'이 생기는 것이다. 술을 마시다 친구가 되고 형·아우도 된다. 그래서 '사회생활 잘 하려면 어느 정도 술을 마실 줄 알아야 한다', '남자라면 술은 할 줄 알아야 한다'는 말을 누구나 한번쯤은 들어본다.

적절한 술은 커뮤니케이션을 원활하게 하고 긴장을 풀어주며, 집단의 결속력을 높이고 유대감을 강화하는 데에 도움을 준다. 그러나 과도한 알코올 패거리 문화는 단점도 있다. 끼리끼리 어울리며 위화감을 조장하거나 술로 문제를 해결하려는 비합리적인 면 등이다. 그래서 현대사회의 술은 절묘한 '절제의 미'가 필요하다. 지나치면 모자람만 못한 때가 있는 것이다.

계영배戒盈杯, 절제미를 담은 술잔

계영배는 '과음을 경계하기 위한 술잔'이란 뜻으로 절주배節酒杯라고도 한다. 계영배는 잔의 70퍼센트 이상 술을 채우게 되면 술이 모두 밑으로 빠져나가 버린다. 계영배와 관련된 유명한 인물은 조선 시대의 거상 임상옥이다. 그는 늘 계영배를 곁에 두고 과욕을 다스렸고 덕분에 큰 재산을 모았다고 한다.

술은
같이 마셔야
제맛?

● 　　　　한국인들의 술자리는 한마디로 술 권하는 문화로 볼
수 있다. 서양인들은 자작自酌 문화라고 해서 자기 술잔의 술은 본인이
마시고 싶은 만큼 직접 따라 마신다. 같은 자리에 있지만 따로 마신다
는 개념이다. 개인주의와 합리주의로 채워진 서양인들의 음주 문화는
우리와 참 대조적이다. 한국인들은 술잔이 빈 사람이 있으면 서둘러
잔을 채워주는 것이 예의라고 생각한다. 그래서 아랫사람은 윗사람의
술잔이 비지 않도록 늘 신경을 쓰면서 술을 마신다. 술잔이 빈 것을
모르고 있다가 상대방이 직접 술을 따르면 미안해한다.

　서양의 자작 문화 대신 우리에게는 대작對酌 문화가 있다. 대작 문화
는 잔을 들어 건배를 하는 술 문화로 중국이나 러시아, 동구 사람들
의 전통적인 주법이다. 대작 문화는 술자리에서 친밀감과 동질감을
주지만 자칫 술을 강요하는 수단으로 변질되기 쉽다. 가끔 술집에서
잔을 들어 상대방에게 술을 강요하거나, 술을 다 비우지 않으면 성화
를 부리는 광경을 목격하게 된다. 건배를 하면서 술을 마시면 주량보
다 많이 마시거나 급하게 마시게 되는 경우가 많기 때문에 주의해야
한다.

　한국인의 술 권하는 문화 중 가장 문제가 되는 것이 '잔 돌리기'다.
술잔을 돌리는 문화는 다른 나라에서 보기 힘든 술 문화다. 두 사람
이 술잔을 주고받거나 여러 명이 잔을 돌리는 것을 수작酬酌 문화라고

한다. 술잔을 돌리는 이유는 술자리에 있는 사람들이 서로 소속감이나 일체감을 강화하려는 심리에서 기인하다. 제사에 올렸던 술을 가족들이 함께 나눠 마시며 결속을 다지는 것과 유사하다. 신라의 화랑들은 한 잔의 술을 나눠 마시며 의를 다지기도 했고, 전통혼례에서는 하나의 표주박에 담긴 술을 신랑, 신부가 나눠 마시며 결속을 나타내기도 했다. 그러나 오늘날 회식 자리에서 흔히 볼 수 있는 술잔 돌리기는 건전한 술 문화를 위해 가장 먼저 사라져야 될 관행이다. 과음의 원인이 될 뿐더러 위생상으로도 좋지 않기 때문이다.

신라 시대의 포석정

술잔을 돌리는 회음 음주 문화를 볼 수 있는 대표적인 유적이 포석정이다. 둥그렇게 만들어진 수로에 물을 채우고 그 주위에 빙 둘러앉아 술잔을 띄워서 떠내려오는 술을 마셨다고 한다.

술이 담긴 한국 속담 9

: 공술에 술 배운다

공술은 얻어먹는 술을 이르는 말로, 술이라는 것은 남의 권유에 못 이겨 마시다가 배우게 된다는 뜻.

: 말은 할 탓이요, 술을 먹을 탓이다

같은 말이라도 어떻게 하느냐에 따라 다르고, 같은 술도 어떻게 먹느냐에 따라 다르다는 뜻으로, 신중하고 지혜롭게 행동할 것을 이르는 말.

즐기는
술의 시대

●   예전 사람들에게 술은 여가 시간에 즐기는 것이 아닌 노동과 함께하는 것이었다. 농사일을 하다 마시는 막걸리가 그랬고 산업화 시대에 고된 작업 후 들이켜던 소주도 마찬가지였다. 그러나 경제력이 상승하고 문화 수준이 높아지면서 술집은 단순히 노동으로 쌓인 스트레스를 푸는 장소가 아닌 유흥과 놀이의 공간으로 거듭났다. '취하는 술'에서 '즐기는 술'로 술을 제대로 마시는 법에 대한 관심도 높아지고 있다. 현대인의 음주 문화에 맛과 분위기를 따지는 '취향'에 의한 소비가 생겨나기 시작한 것이다.

이러한 변화는 직장인들의 라이프스타일이 바뀐 탓도 있다. 주 5일제 근무가 시행되자 일하는 날수가 준 대신 평일에 처리해야 하는 업무량이 늘었다. 따라서 다음 날 업무에 지장을 주지 않는 도수가 낮은 부담 없는 술을 찾는 사람이 많아지게 된 것이다. 여기에 웰빙에 대한 관심이 더해져 건강에 좋은 술을 선호하는 경향이 두드러졌다. 소주의 알코올 도수가 점점 낮아지고 약주나 막걸리의 인기가 높아지고 있는 이유다.

'즐기는 술'에 대한 관심이 높아진 데에는 1990년대 이후의 와인 열풍과 대중화가 기여한 바가 크다. 분위기 좋은 바에서 홀로 와인을 즐기는 모습이나 친한 친구들끼리 집에서 와인 파티를 벌이는 것은 이제 익숙한 풍경이 됐다. 혼자 마시는 술, 집에서 마시는 술이라고 하면 바닥에 술병이 나뒹구는 광경을 떠올리던 과거와는 대조적이다.

과거에 술은 남성의 전유물이나 다름없었다. 그 예로 1970년대까지만 해도 소주 광고에 등장하는 모델은 모두 건장한 남자였고 광고나 포스터에는 '사나이, 남자' 등의 단어가 사용됐다. 1990년대부터는 늘씬하고 예쁜 미녀들이 소주 광고를 독식했다. 짧은 치마나 몸매가 드러나는 옷을 입고 술잔을 들고 있는 미녀들의 포스터는 항상 술집 벽면을 장식했다. 하지만 요즘 술의 트렌드는 '여심'을 잡는 것이다. 여성 음주자가 늘어난 데다 섬세하고 부드러운 취향을 가진 젊은 층이 트렌드를 주도하고 있기 때문이다. 그래서 요즘 술 광고에는 여성들에게 인기가 많은 조각 같은 꽃미남이 등장하기 시작했다. '가벼운 입맞춤, 여성을 위한 소주'라는 광고 타이틀만 봐도 과거에 웃통을 벗고 정력적인 면을 과시하던 '호쾌한 남아의 소주'와 거리가 멀다는 것을 알 수 있다.

술이 담긴 한국 속담 10

: 술이 아무리 독해도 먹지 않으면 취하지 않는다
어떤 일이든 해보지 않으면 결과를 알 수 없다는 말.

: 밥은 봄같이 먹고, 국은 여름같이 먹고, 장은 가을같이 먹고, 술은 겨울같이 먹는다
음식은 적당한 온도에서 즐겨야 최고의 맛을 느낄 수 있다는 말로 밥은 따뜻하게, 국은 뜨겁게, 장은 따끈하게, 술은 시원하게 먹는 것이 좋다는 뜻.

폭탄주 이야기

●　　　　　2009년에 개봉해 천만 명의 관객을 모은 영화 〈해운대〉는 부산에 쓰나미지진해일가 닥친 상황을 그린 영화다. 이 영화의 흥행으로 부산 지역에서는 또 하나의 쓰나미가 인기다. 일명 '쓰나미주'라고 불리는 폭탄주가 그것으로 영화에서 거대한 파도가 해운대를 덮친 것처럼 맥주 거품이 올라오면서 소주잔을 가라앉히는 모습이 쓰나미를 닮았다고 해서 붙여진 이름이다. 맥주잔에 맥주를 60퍼센트가량 붓고 빈 소주잔을 그 위에 띄워 가라앉지 않을 정도만 소주를 채운 후 젓가락 등으로 맥주잔 측면을 치면, 맥주 거품이 올라오면서 소주잔을 덮쳐 순식간에 소주잔이 가라앉는다. '쓰나미주' 외에도 잔에 맥주를 반쯤 채운 뒤 술을 가득 채운 양주잔을 넣고 재빨리 돌려 섞는 '회오리주', 반쯤 채운 맥주잔에 빈 소주잔을 띄운 후 소주잔에 술을 부어 천천히 잔을 가라앉게 하는 '타이타닉주' 등 섞는 과정이나 들어가는 술과 음료의 종류에 따라 수십여 가지의 폭탄주가 있다.

외국에도 폭탄주가 있지만 우리의 폭탄주 문화가 유난히 눈에 띄는 이유는 기발하고 재미있는 퍼포먼스와 다양함에 있다. 외국의 경우 아일랜드인처럼 한 손에는 맥주, 다른 한 손에는 위스키를 들고 번갈아 마시거나 맥주에 보드카나 럼 등을 섞어 마시는 정도다. 대체로 향이 강한 와인과 위스키를 즐기는 유럽 사람들은 술을 천천히 음미하며 마시기 때문에 급히 먹는 폭탄주를 즐기지 않는다. 시원한 맥주를 마실 때도 우리처럼 단번에 들이켜는 경우는 드물다. 한 잔을 두고 대화를 하며 홀짝이는 수준이다.

폭탄주 문화가 우리 술 문화의 화두로 떠오른 것은 군사 문화가 지배적이었던 1980년대였다. 당시에는 폭탄주를 마시는 것을 남성답고 호기롭다고 여겼기 때문에 과시용 혹은 상대방의 기를 제압하기 위해 이용됐다. 또 짧은 시간에 쉽게 취기가 오르기 때문에 잦은 접대와 회식 자리에 효율적이었다. 요즘의 폭탄주는 대중적인 술 문화 중 하나로 술자리의 흥을 돋우기 위해 처음에 한두 잔 정도 즐기는 경우가 대부분이다. 사실 구성원의 단합과 '나'보다 '우리'를 중시하는 한국인의 특성상 폭탄주는 조직적인 술자리가 많은 우리나라 문화와 맞는 면이 있다. 가족 단위의 술자리나 사적인 분위기로 술을 즐기는 경우가 많은 문화권에서는 유행하기 어렵다.

폭탄주가 센 이유

폭탄주를 마시면 쉽게 취한다. 폭탄주는 양주와 맥주, 혹은 소주와 맥주를 섞어 만드는데 대체로 알코올 농도 10도를 웃도는 수준으로 청주와 도수가 비슷하다. 그런데 폭탄주가 센 이유는 맥주에 들어 있는 탄산가스 때문이다. 탄산가스는 위벽을 자극해서 알코올을 빨리 흡수시킨다. 따라서 비슷한 도수의 청주와 같은 양으로 마셔도 폭탄주는 알코올 흡수율이 높아 더 쉽게, 더 빨리 취기를 오르게 한다.

바른 음주 문화를 위한 지침

● 　　　우리 민족에게 술은 귀하고 소중한 음식이었고 놀이와 사교에 빠지지 않는 음료였으며, 자연과 더불어 즐기는 벗이었다. 그래서 술의 맛과 함께 절제의 멋을 중시했으며 주도와 함께 술을 배웠다. 술자리는 당연히 흥겹고 운치가 따랐다.

그런데 현대인들의 술은 그와 점점 거리가 멀어지고 있는 듯하다. 괴로움을 달래기 위해, 현실을 부정하기 위해 술을 찾는 이들이 많아지고 있고 폭음과 과음, 중독에 시달리는 이들이 늘고 있다. '적당히 마시면 약'이지만 과하게 마시면 독'이 되는 것이 바로 술이다. 술 마시는 문화가 건강하고 아름답게 정착될 수 있도록 많은 노력과 관심이 필요하다.

술을 권해서는 안 되는 사람이 있다. 임산부와 청소년은 술을 마시면 안 된다. 그리고 노인은 과음해서는 안 된다.

특히 임산부가 술을 마시는 것은 자신뿐만 아니라 가족의 행복과 목숨을 담보로 하는 치명적인 일이다. 임산부가 술을 마시면 알코올이 태반을 통해 태아의 혈액 속으로 들어가 여러 가지 나쁜 영향을 미친다. 상습적으로 음주를 할 경우 자연 유산이 될 가능성이 높고 과음할 경우 미숙아, 저체중아, 지적 장애, 장기가 손상된 아기를 출산할 위험이 있다. 임산부의 과음으로 인한 알코올증후군 아이의 경우 지능이 낮고 이마가 좁고 코가 낮으며 인중이 없는 특징을 가진다.

청소년의 음주도 심각한 사회 문제로 대두되고 있다. 술을 처음 마시는 연령대가 점점 낮아지고 있으며, 술을 마시고 벌이는 청소년의 비행, 일탈 행각들이 늘고 있다. 청소년이 음주를 할 경우 입는 신체적·정신적 폐해는 성인보다 훨씬 위험하다. 청소년은 성장기에 있기 때문에 알코올이 신체에 미치는 악영향이 큰데, 특히 뇌에 미치는 영향이 위협적이다. 다른 세포와 달리 재생되지 않는 특징을 갖고 있는 뇌세포를 알코올이 파괴하는 것이다. 뇌세포가 파괴되면 기억력이 떨어지고 두뇌 회전이 느려져 학습 능력이 저하된다. 정신적 문제는 이보다 더 심각하다. 청소년기에 잘못 길러진 음주 습관은 어른이 되서도 쉽게 고쳐지지 않는다. 이는 장차 알코올 의존이나 심각한 사고, 질병으로 이어질 가능성이 높다. '술은 어른 앞에서 점잖게 배워야 한다'는 옛말이 괜히 있는 것이 아니다.

노인의 경우, 과음하는 것은 좋지 않다. 노화로 신체 기능이 떨어지면 당연히 알코올 대사도 느려진다. 특히나 노인은 평형 감각이나 반사 능력이 떨어지는데 알코올은 이런 상황을 악화시켜 골절, 교통사고 등 크고 작은 위험을 부른다. 고혈압이나 당뇨 등을 앓고 있는 경우에는 약물의 효과를 떨어뜨리거나 부작용을 일으킬 수도 있다. 또한 술로 인해 뇌세포가 파괴되면 치매를 앞당기거나 증상을 악화시킬 수 있다.

음주 운전, 절대 하지 말아야 하는 이유

술을 마시면 시야가 흐려지고 졸음이 밀려오며 운동 신경과 판단 능력, 감각이 둔화된다. 음주 운전으로 인한 교통사고가 대게 중상이나 사망으로 이어지는 것은 차량이 정면충돌하는 경우가 많기 때문이다. 소주 1병을 마셨다면 최소한 8시간 동안은 운전대를 잡지 말아야 한다.

지구촌 술 문화

술 문화는 기본적으로 동서양이 다르고 같은 문화권 안에서도 국가와 민족마다 차이가 크다. 그래서 각 나라의 독특한 술 문화를 살펴보면 그 나라의 역사와 문화를 엿볼 수 있는 재밌는 지표가 되는 것들이 많다.

의외로 깐깐한 미국

미국의 술 역사에서 가장 큰 이슈는 1920년대에 실시한 금주법이라고 할 수 있다. 개인의 자유를 중시하는 미국이 국가적 차원의 강력한 금주법을 시행한 것이다. 그러나 금주법을 시행한 기간 동안 오히

려 밀주가 성행했고 조직범죄와 폭력, 정치적 타락이 극에 달했다. 결국 금주법은 실패로 끝났고 강압적인 통제로는 술 문화를 바꿀 수 없다는 선례를 남기는 데 그쳤다.

현재 미국의 음주 문화 중 눈여겨볼 만한 것은 야외에서 술을 마시지 않는다는 것이다. 공원 벤치에서 간단히 술을 마시는 것도 미국에서는 범법 행위에 해당된다. 미국에서는 술을 마실 수 있는 장소를 제한하고 있다. 공공장소에 흡연 구역이 따로 정해져 있는 것과 비슷하다. 술집에서 양주를 병째 파는 것을 금지하거나 술에 취해 비틀거리며 걸어가서는 안 된다고 규정하고 있는 주州도 있다. 술집에 미성년자가 있거나 만취한 사람이 있으면 주인이 벌금을 물기도 한다.

일상적인 음주, Pub 문화의 영국

스카치위스키의 고장 영국은 명주의 나라답게 술의 역사가 길고 술이 사회 전반에 미치는 영향 또한 광범위하다.

영국은 역사적으로 음주가 생활화돼 있는 나라다. 19세기 이전까지만 하더라도 깨끗한 물이 귀해서 오염된 물이나 쉽게 상하는 우유를 마시는 것보다 술을 마시는 것이 안전했기 때문이다. '물 따위의 액체를 마시다'라는 뜻의 Drink가 영국에서는 대게 '술을 마시다'로 통하는 것은 이런 역사적 배경에서 나온 것이다.

오늘날 영국의 음주 문화는 한마디로 '펍Pub 문화'라고 할 수 있다. 펍이란 퍼블릭 하우스Public House의 약칭으로 우리나라의 선술집과 비슷하다. 펍은 영국 서민 문화의 상징적인 공간으로 산업혁명 땐 노동자들이 퇴근길에 들러 하루의 피로를 푸는 술집이었다. 지금은 단순한 술집을 넘어 휴식처이자 사교장으로서의 역할이 커졌다. 펍은 영국

시내 중심가는 물론 주택가 곳곳에서도 흔히 볼 수 있고, 보통 오전 11시부터 밤 11시까지 문을 여는데 젊은이부터 노인까지 다양한 연령 대가 모인다. 자연히 동네의 펍은 지역의 사랑방 구실도 해, 축구 경기 가 있는 날에 영국인들은 일제히 펍에 모여 맥주를 마시면서 대형 모 니터를 보며 함께 응원한다. 주말에는 가족 단위로 펍에 모여 음식과 반주를 즐긴다.

반주飯酒의 나라, 프랑스

프랑스인에게 와인은 역사이자 문화이며 일상이다. 프랑스 전역이 와인 생산지라고 해도 지나치지 않을 정도로 프랑스는 포도를 재배하기에 적합한 기후와 토양을 가진 나라다.

　프랑스에서는 자녀가 와인의 맛을 이해할 수 있는 나이가 되면 가족과 식사하는 자리를 통해 자연스레 와인을 즐기는 법을 익히게 한다. 때문에 요리에 어울리는 와인의 종류와 주법을 배우는 것이 모두 프랑스의 식문화에 속한다. 프랑스인에게 와인은 흠뻑 취하기 위한 술이 아닌 식사할 때 한두 잔으로 입맛을 돋우거나 물 대신 갈증을 해소하기 위한 것이다. 이렇듯 부모와 함께 식사를 하는 자리에서 자연스레 와인을 마시다 보니 술을 처음 마시는 연령대가 상대적으로 낮고 술 문화도 관대한 편이다. 프랑스의 음주 문화는 비교적 자유로우며 식문화와 결합된 절제미와 건강함이 특징이다.

첨잔添盞이 예의인 일본

일본인들이 겨울이면 가장 많이 즐겨 먹는 음식은 '나베鍋, なべ'요리다. 나베는 일본어로 '냄비'를 뜻하는 말로 우리의 전골 요리와 비슷하다. 추운 겨울, 나베를 먹을 때 상에 함께 오르는 것이 '아쓰칸熱燗, あつかん'이라 불리는 따뜻하게 데운 사케다. 우리나라에서도 흔히 볼 수 있는 일본식 주점 이자카야居酒屋, いざかや에서 흔히 도쿠리라고 불리는 사기 주전자에 담겨 나오는 따뜻한 사케가 바로 아쓰칸이다. 사케는 우리나라의 소주처럼 일본인들이 가장 즐겨 마시는 술이다.

일본인들에게는 첨잔添盞 문화가 있다. 첨잔이란 술잔이 비지 않아도 술을 더 따라 가득 채워주는 것을 말한다. 그런데 일본과 가장 가까이 있는 우리나라 사람들은 첨잔을 하면 질색을 한다. 일본인들은 상대방의 술잔을 항상 가득 채워주는 것이 예의라고 생각한다. 그래서 한국인들이 술을 받아 예의상 원샷을 하면 계속 달라는 것으로 알고 바로바로 가득 채워준다. 잘 모르고 함께 마시다가는 이쪽만 만취하기 쉽다. 더구나 일본인들은 술을 한 번에 들이켜지 않고 조금씩 나눠 마신다. 그래서 술을 급히 먹지 않을뿐더러 많이 마시지 않는 경향이 있다.

맥주 광장의 나라, 독일

소시지와 맥주의 나라, 독일. 독일은 전 세계에서 맥주 소비량이 가장 많은 나라다. 따뜻한 음식을 좋아하는 독일인들은 영국인들처럼 안주 없이 맥주를 마시기보다 그릴에 구운 소시지나 감자 요리와 함께 먹는 것을 좋아한다.

영국에 펍이 있고 일본에는 이자카야가 있듯이 독일에는 '비어가르텐biergarten'이 있다. 비어가르텐이란 독일어로 '맥주 광장'이라는 뜻이다. 이곳은 일반적인 술집처럼 밀폐된 공간이 아니라 공원이나 거리의 탁 트인 광장으로, 둥근 테이블과 의자를 놓고 바람과 라이브 음악을 즐기며 맥주를 마시는 사람으로 늘 북적댄다. 비어가르텐에서 파는 술은 근처 양조장에서 만든 신선한 생맥주다. 독일에서는 발효 후 열처리를 하지 않은 생맥주가 병맥주나 캔맥주보다 귀한 대접을 받으며

가격도 비싸다. 또한 독일에서는 하우스 맥주가 유명한데 과거 우리나라 전통주가 가양주 형태로 집집마다 빚어졌던 것과 흡사하다. 하우스 맥주 문화는 지금까지도 이어져 내려와 독일에서는 해마다 맥주 축제가 열리고 있다.

40도짜리 백주白酒를 간베이하는 중국

중국의 술 문화는 간단히 정리하기 어렵다. 넓은 땅만큼 술 문화나 주종이 지역마다 다양하기 때문이다. 기본적으로 중국인들은 술을 좋아하고 독주를 많이 마시며, 손님 접대와 행사에 술 인심이 후하다.

중국에도 우리의 건배와 비슷한 '간베이干杯'가 있다. 간베이는 '잔을 마르게 하다'라는 뜻으로 술을 다 마심, 즉 원샷을 의미한다. 그래서

중국인들은 술을 마신 뒤 잔을 45도로 기울여 상대방에게 다 마셨다는 것을 보여준다. 단, 술을 안 먹겠다고 양해를 구하면 상대는 더 이상 권하지 않는 것이 예의다. 술을 다 마시려면 잔을 부딪치고, 조금만 마시려면 잔을 들었다 놓기만 하면 된다. 또한 술을 받을 때 술잔의 아래를 잡으면 주량이 약하다는 뜻이거나 술을 조금만 받겠다는 뜻이고, 술잔 위를 잡으면 가득 채워달라는 뜻이다. 받는 사람의 의사에 따라 술을 따라주는 것이다.

중국의 백주白酒는 중국술의 80퍼센트가량을 차지하며 위스키, 브랜드, 보드카 등과 함께 세계적인 증류주로 손꼽힌다. 무색 투명하고 진한 향기와 깨끗한 맛, 40도 이상의 높은 도수가 특징이다. 우리나라 사람들이 기름진 중국 음식을 먹을 때 자주 마시는 배갈, 고량주가 바로 백주에 속한다.

술이 담긴 한국 속담 12

: 밀밭만 지나가도 취한다
술이 원료인 누룩을 만드는 밀밭만 지나가도 술을 마신 것처럼 취한다는 말로, 전혀 술을 마시지 못하는 사람을 두고 하는 말.

: 모주 먹은 돼지 벼르듯
모주는 술 찌꺼기에 물을 섞어 거른 뿌연 탁주를 이르는 말로, 술을 훔쳐 먹은 돼지를 단단히 벼르듯 잘못한 사람을 벼른다는 뜻.

술과
우리 몸의 신비

알코올과 홍조증

술을 마시면 적은 양에도 남들보다 쉽게 얼굴이 붉어져 고민인 사람
이 많다. 심지어 어떤 이는 얼굴뿐만 아니라 등이나 온몸에서 열이 나
면서 울긋불긋해지는 경우도 있다. "술자리를 좋아하지만 술을 마시
는 것은 부담스럽다"거나 "술자리에서 내 얼굴로 이목이 집중되는 경
우가 많아 불편하다"는 푸념을 종종 들어보았을 것이다. 술을 마시면
얼굴이 붉어지는 것은 건강하다는 신호라는 속설도 있는데, 과연 그
럴까? 술을 마시자마자 얼굴이 홍당무처럼 붉게 변하는 이유는 무엇
일까?

술을 조금만 마셔도 얼굴이 붉어지는 홍조증은 선천적으로 알코올
분해 효소가 적게 분비되는 체질이란 뜻이다. 즉, 술에 약한 것이다.

술이 우리 몸속에 들어오면 간은 분주해진다. 알코올을 분해하는
효소를 만들어내는 것이 간이기 때문이다. 그런데 이 분해 효소를 만
드는 능력은 사람마다 차이가 있다. 알코올 분해 효소가 적게 만들어
지면 당연히 알코올 분해는 더디게 진행된다. 그리고 간에서 미처 해
독되지 못한 알코올은 혈관을 통해 온몸에 퍼지면서 삽시간에 술기운
을 퍼트린다. 이런 사람을 가리켜 술에 약하다고 하는 것이다.

그렇다면 왜 얼굴이 붉게 변하는 것일까? 모든 술에는 알코올 성분
이 있다. 알코올이 우리 몸속에 들어오면 혈액 순환이 촉진되며 혈압
이 오르고, 혈관이 확장되면서 평소보다 빠르게 피가 돌게 된다. 즉,

음주로 얼굴이 화끈거리며 홍당무가 되는 것은 얼굴 피부의 말초 혈관이 확장되고 혈액량이 늘기 때문이다. 이 작용은 술을 마신 후 불과 2~3분이면 눈으로 확인이 가능해질 정도로 그 속도가 빠른데, 그만큼 알코올이 우리 몸에 미치는 영향은 즉각적이다. 알코올은 1그램당 7킬로칼로리의 열량을 갖고 있지만, 다른 영양소처럼 지방 등으로 몸속에 축적되지 않는 특징이 있다. 술을 마신 후 얼굴이 빨개지면서 열이 오르는 것은 에너지가 빠져나가는 작업이기도 하다.

알코올은 간에서 분비된 알코올 분해 효소ADH에 의해 아세트알데히드라는 독성 물질로 변화한다. 이 물질은 또 다른 알코올 분해 효소 ALDH에 의해 대사된 후 최종적으로 물과 이산화탄소로 변해 대부분 소변 등으로 배출된다. 여기서 중요한 것이 독성 물질인 아세트알데히드에 작용하는 두 번째 알코올 분해 효소다. 이 효소가 적게 분비되는 사람은 아세트알데히드가 분해돼 몸 밖으로 배출되는 시간이 오래 걸린다. 그리고 분해되지 못한 이 물질은 혈관을 돌며 몸 이곳저곳에 악영향을 끼친다. 즉, 술에 약한 사람은 결과적으로 알코올이 인체에 미치는 나쁜 영향을 더욱 많이 받는 것이다.

그런데 알코올 분해 효소가 적은 사람은 황인종에게서 많이 나타난다고 한다. 백인과 황인, 흑인이 모여 술을 마시면 황인의 얼굴이 가장 먼저 붉어질 가능성이 높다는 것이다. 특히 한국인, 중국인, 일본인 등 동양인의 20~40퍼센트는 알코올 홍조증이 있다고 한다. 알코올을 분해하는 능력이 유전자와 관계가 있다는 것을 알 수 있는 대목이다. 따라서 부모가 주량이 세면 자식 역시 주량이 셀 가능성이 높다.

타고난 체질이란 쉽게 변화되지 않는 것이므로 술을 마시고 금세 얼굴이 붉어지는 체질이라면 과음하지 않는 것이 좋다. 또한 술이 센 사람이라 해도 피곤하거나 몸이 안 좋을 때에는 평소와 달리 홍조증을 보이기도 한다. 이런 날은 술을 자제하는 것이 좋다. '붉은 얼굴'은 우리 몸이 술과 그다지 맞지 않는 상태임을 알리는 자체적인 적신호이기 때문이다.

주량의 비밀

술을 마시면 술 속의 알코올이 위와 장에서 흡수돼 혈액을 통해 간으로 들어간다. 간은 알코올을 아세트알데히드로 1차 분해한 후, 최종적으로 물과 이산화탄소로 만들어 몸 밖으로 배출하는 일을 한다. 일종의 정화 시설 노릇을 하는 것이다.

그런데 문제는 간의 능력이 사람마다 차이가 있다는 데 있다. 어떤 사람은 말술이라고 불릴 정도로 술에 센데 어떤 사람은 술 냄새만 맡아도 어지럽다고 하는 이유는 이것 때문이다.

주량은 인종, 성별, 몸무게, 나이, 실내 온도, 안주 섭취량과 종류, 음주 패턴 등에 따라 차이가 난다. 즉, 주량이란 타고난 체질과 신체 능력 그리고 음주 환경 등 복합적인 영향을 받는 것이다.

인종에 따른 것은 앞서 홍조증에 관해 설명한 바와 같이 유전적인 영향을 말한다. 성별을 놓고 본다면 여자가 남자보다 주량이 약하다. 여자는 간에서 분비되는 알코올 분해 효소가 남자보다 적게 생성된다. 그래서 술에 금방 취하고 회복력 또한 떨어진다. 또한 여성호르몬은 알코올 분해 활동을 방해하기 때문에 생리를 앞둔 여성은 평소보다 술이 잘 받지 않는 현상이 나타난다. 체내 지방량이 상대적으로 많고 혈액량과 수분 함량이 떨어지는 것도 여자가 일반적으로 남자보다 술에 약한 이유다.

혈액량은 주량과 연관이 깊다. 몸무게에 따라 주량이 다른 것 역시 혈액량 때문이다. 큰 컵과 작은 컵에 반쯤 물을 따른 뒤 술을 소주잔으로 한 잔씩 부으면, 당연히 물이 적게 들어 있던 작은 컵의 술이 더 독하다. 이와 마찬가지로 혈액량이 적은 사람은 혈중 알코올 농도가 빨리 오르며 술에 금방 취한다. 같은 양의 술을 마셨는데도 음주 측정기를 불면 몸집이 작은 사람의 혈중 알코올 농도가 몸집이 큰 사람보다 더 높게 나온다는 얘기다. 즉, 유전적인 요인이 같다면 크고 뚱뚱한 사람이 작고 가벼운 사람보다 술이 세다.

그런데 주량이 늘 일정한 것은 아니다. 연령과 컨디션에 따라 달라진다. 누구나 기력이 약할 때나 잠이 부족할 때, 피곤한 상태에서는 평소보다 술에 빨리 취한다. 알코올 분해 능력은 체력과 심리적인 요인에 영향을 받기 때문이다.

술에 취하는 속도는 어떤 도수의 술을 먹느냐에 따라 달라진다. 소주 1잔은 맥주 5잔과 같고, 위스키 1잔은 맥주 9잔, 고량주 1잔은 맥주 11잔과 같다. 당연히 같은 양을 마셔도 독한 술에는 금세 취한다. 그러므로 술을 마시기 전에 알코올 도수를 확인하고, 음주 속도와 양을 조절하는 것이 좋다.

사람마다 차이가 있지만 보통의 한국 성인 남자가 한 시간 동안 분해할 수 있는 알코올의 양은 7~10그램 정도다. 맥주 1캔을 마셨을 때 알코올 분해가 완료되려면 1시간 20분에서 2시간가량 걸린다는 것이다. 23도짜리 소주 1병을 마셨을 때는 10시간 이상 걸린다. 아무리 술이 센 사람이라도 술을 많이 마시면 간이 미처 해독을 하지 못해 몸이 버틸 수 없다. 자신의 주량을 믿고 연달아 폭음을 하는 것은 누구에게나 예외 없이 건강을 망치는 길이다.

블랙아웃black-out의 시간

지난밤 술을 마신 것까지 기억하지만, 어떻게 집에 돌아왔는지, 술자리에서 무슨 이야기가 오고갔는지 도통 기억이 나지 않아 적잖이 당황스러웠던 경험이 있을 것이다. 그런 날의 아침은 으레 '혹시 내가 무슨 실수는 안 했나?', '설마 내가 또 술값 낸다고 나선 걸까?' 하고 지난밤의 술친구들에게 확인 전화를 하기 바빠진다.

소위 '필름이 끊겼다'라고 하는 이 기억상실 현상을 의학용어로는 '블랙아웃'이라고 한다. 블랙아웃은 영어로 정전을 뜻하며, 연극에서는

암전을 일컫는 용어로도 쓰인다. 순간적으로 깜깜해지는 것처럼, 술을 마신 후 급작스레 찾아오는 블랙아웃은 아주 곤혹스럽고 답답한 일이다.

블랙아웃 상태가 되는 이유는 무엇일까? 인간의 뇌에는 약 1,000억 개에 달하는 신경세포가 있으며 이 신경세포가 도파민 등 여러 신경전달물질에 반응해 기억을 저장한다고 한다. 신경세포가 다양한 화학물질을 분비해 인접한 세포에 정보를 전달하는 과정은 아주 정교하고 정확한 작업이다. 더구나 기억은 뇌가 가진 놀라운 능력 중 하나로 이 신비로운 뇌의 세계는 의·과학자들이 '작은 우주'라고 표현할 만큼 아직도 밝혀지지 않은 수많은 비밀을 간직하고 있다. 그런데 술을 마시면 알코올은 뇌에 바로 영향을 미쳐 작은 우주를 일대 혼란에 빠뜨린다. 혈액을 통해 알코올이 온몸에 퍼지면서 뇌에도 예외 없이 알코올이 전달되는 것이다.

필름이 끊기는 현상은 뇌의 해마 부분이 술 속에 들어 있는 알코올에 의해 교란을 겪기 때문이다. 해마는 기억을 저장하고 불러오는 컴퓨터의 하드디스크 같은 공간이다. 특히 단기 기억, 즉 사람의 얼굴이나 이름, 장소, 대화 내용 등이 저장되는 공간이다. 그런데 술에 취하면 해마의 저장 기능이 마비된다.

필름이 끊긴 다음 날 우리는 보통 자신이 무슨 말과 행동을 했는지 기억이 나지 않는다고 한다. 그런데 엄밀히 말해 블랙아웃은 기억이 사라진 것이 아니라 해마에 입력된 기억이 아예 없는 상태다. 그래서 최면을 건다고 해도 이때의 기억은 되살아나지 않는다고 한다. 술자리에서의 기억이 중간중간 나는 경우도 있는데, 이는 일시적으로 해마에 기억이 입력됐다가 다시 되지 않았다가 하는 불안정한 상태를 겪었기 때문이다.

　간혹 필름이 끊긴 상태였는데도 멀쩡히 대화를 주고받은 데다 헤매지 않고 자기 집까지 찾아온 것이 신기하다고 말하는 사람이 있다. 이에 대해 "회귀 본능이 강해서 그렇다"고 우스갯소리를 하기도 하는데, 집에 잘 찾아온 것은 본능이나 잠재능력과는 무관한 일이다. 블랙아웃 상태에서도 일상적인 행동은 가능하다. 블랙아웃이 생기면 뇌에 기억이 저장되지 않을 뿐, 이미 저장된 기억을 불러오는 것에는 별다른 지장이 없기 때문이다. 더구나 뇌의 다른 기능인 상황판단능력이나 인지능력, 균형감각까지 살아 있다면 평소와 다름없이 행동할 수 있다.

　필름이 잘 끊기는 체질이 따로 있지는 않다. 누구나 심하게 과음을 하면 블랙아웃이 나타난다. 특히 과로한 날이나 피곤한 날은 뇌의 기능이 약해진 상태라 더 빨리 블랙아웃이 올 수 있다. 자주 필름이 끊기는 경험을 하는 사람은 결국 자신이 이기지 못할 만큼의 과음을 습관적으로 자주 하는 것이다.

　한두 번 블랙아웃을 겪었다고 해서 뇌세포가 바로 파괴되거나 머리가 나빠지지는 않는다. 그러나 블랙아웃이 반복되면 알코올에 의해 뇌 신경세포가 손상돼 술을 마시지 않았는데도 기억이 중간중간 사라지는 코르사코프증후군에 걸릴 수도 있다. 뇌세포는 우리 몸의 다른 세포와 달리 쉽게 재생되지 않는 특징이 있다. 한 번 파괴된 뇌 세포는 잠시 쉰다고 해서 이전처럼 되살아나지 않는 것이다. 또한 과음은 알코올성 치매로까지 이어질 수 있는 위험한 일이므로 적정한 음주량을 지키는 것은 뇌 건강에 아주 중요하다.

　필름이 잘 끊어지지 않으려면 술을 마시기 전 충분한 수면을 취하고 영양 보충을 해둬 좋은 컨디션인 상태로 술자리에 가도록 한다. 또한 니코틴은 혈관을 좁게 만들어 산소가 뇌로 가는 것을 방해해 뇌세포에 치명적인 영향을 끼치므로 술을 마시면서 담배를 피우는 것은 피해야 한다.

해독의 장기, 간

간은 우리 몸에 들어온 알코올을 분해하는 역할을 한다. 따라서 간이 약해지거나 간에 병이 생기면 술을 즐기고 싶어도 즐길 수 없게 되며, 술로 인해 가장 많은 타격을 받는 장기 역시 간이다. 현대인의 간 건강을 해치는 주범이 스트레스와 과음인 만큼 건강하고 지혜로운 술 문화는 간 건강의 핵심이라 할 수 있다.

음식을 먹으면 식도를 통해 위를 거쳐 장에서 영양분의 흡수가 이뤄지는 것처럼 술도 마찬가지다. 술을 마시면 알코올은 위와 장에서 빠르게 흡수된다. 흡수된 알코올은 혈액을 통해 간으로 이동하고 이곳에서 분해 효소에 의해 물과 탄산가스로 바뀌어 몸 밖으로 빠져나간다. 따라서 알코올이 체내에 많이 들어오면 올수록 간은 노동에 시달린다. 간에서 분해 효소를 만들 수 있는 능력은 한정돼 있어 급작스럽게 많은 양의 술을 마시면 순간적으로 들어온 다량의 알코올을 미처 처리하지 못하게 된다. 그럴 경우 두근거림, 메슥거림, 어지러움 등을 느끼고, 심하면 구토를 일으킨다. 1차, 2차로 이어지는 술자리로 인해 장시간 과음할 경우에도 간이 허용할 수 있는 범위를 넘어서게 돼 다음 날 두통과 무기력증 등을 느낀다.

간이 분해할 수 있는 양 이상의 술을 마셨을 때 일어나는 여러 가지 불편하고 고통스러운 느낌을 '숙취'라고 한다. 숙취가 일어나는 것은 간에서 제대로 분해되지 못한 알코올이 다음 날까지도 혈액을 타고 온몸을 돌며 각 장기가 수행하는 일상적인 업무를 방해하기 때문이다.

간은 우리 몸에서 가장 큰 장기로 1.2~1.5킬로그램에 달하는데 이는 성인 체중의 50분의 1에 해당하는 무게다. 간은 크기도 크지만 공급되는 혈액량도 많다. 영양분이 흡수되면 일단 간을 거쳐야 하기 때문인데 영양분과 각종 독성 물질을 가공 및 저장, 처리하는 역할을 간이 한다. 그래서 간은 '인체의 화학 공장'이라는 별명을 갖고 있다. 간은 큰 병이 나기 전까지는 통증 등 이상 신호나 별다른 자각 증상이 없는 것이 특징이므로 주기적인 체크가 필요하다. 술을 좋아하는 사람이라면 자신의 간 상태가 어느 정도인지 알아두는 것이 필요하다.

간에 심각한 병이 있는 사람에게 가족이나 친구가 간의 일부를 떼어 주었다는 생체 간이식 수술에 관한 기사를 종종 접한다. 아들이 급성 간염에 걸린 아버지에게 자신의 간을 무려 80퍼센트가량 이식해준 사례도 있다. 이런 일이 가능한 까닭은 간의 뛰어난 재생력 덕분이다. 다른 장기와 달리 간은 절반 이상 잘라내도 일상생활에 크게 지장을 주지 않는다. 시간이 지나면 간은 원래 크기의 80퍼센트 가까이 자라나기 때문이다. 이처럼 간의 회복력은 모든 장기 중 가장 탁월하다.

그러나 아무리 회복력이 좋아도 지속적인 과음은 간에 치명적인 결과를 가져온다. 과다한 음주는 알코올성 지방간을 초래하며, 심해지면 간이 딱딱하게 굳어버리는 간경변으로 악화되고 만성 감염, 간암으로 진행될 수 있다.

음주자에게 가장 흔한 질환은 알코올성 지방간이다. 알코올성 지방간은 술을 자주 마시는 사람일수록 수치가 높다. 지방간이란 간에 기름기가 끼는 것으로, 미처 분해되지 못한 알코올로 인해 간세포에 중성 지방이 과도하게 축적되는 것이다. 그러나 과음으로 인해 간에 지방이 쌓였다고 해도 며칠간 금주하면 원래대로 회복되며, 중증 지방간인 경우에도 지속적으로 금주하면 정상 수치로 돌아갈 수 있다. 따라서 부득이 과음을 했을 경우에는, 며칠 휴식을 취해 간이 건강한 상태로 되돌아갈 수 있는 시간을 주는 것이 중요하다.

평소 술을 자주 마시는 사람이 연이어 피로함과 나른함을 느낀다면 지방간 초기 증상을 의심해볼 필요가 있다. 이때야말로 음주량과 횟수를 알맞게 줄이는 절주節酒를 해야 할 타이밍이다. 건강하게 오래 살면서 즐겁게 술을 즐기고 싶다면 무엇보다 해독의 장기, 간이 지치지 않도록 각별한 신경을 써야 한다.

술을 마시면 소변이 마려운 이유

예전에는 골목길 담벼락에 '노상방뇨 금지'라고 쓴 글귀를 심심치 않게 볼 수 있었는데, 이는 어린아이들이 아니라 취객을 상대로 한 경고였다. 술을 마시면 평소보다 소변이 더 자주 마렵다. 같은 양의 물을 마셨을 때보다 맥주를 마셨을 때 화장실을 더 자주 가게 되는 것을 누구나 경험했을 것이다. 그래서 맥주를 마시면 유난히 화장실을 들락거리게 된다며 불평하는 주당들도 있다.

맥주뿐만 아니라 모든 술은 이뇨 작용을

해 소변을 자주 보게 한다. 독한 위스키를 몇 잔 마셨을 뿐 물은 별로 마시지도 않았는데 화장실에 자꾸 가고 싶어지는 일이 생기는 것이다.

마시는 만큼 볼일을 보는 게 아닌가 하고 소변 욕구에 대해 대수롭지 않게 여기는 경향이 있으나, 사실 우리 몸은 과학적으로 체내 수분량을 일정히 조절해 인체 균형을 유지하고 있다. 무더위로 땀을 많이 흘린 날에는 소변을 적게 보고, 추운 겨울이라 땀을 적게 흘린 날에는 소변량이 상대적으로 많다. 격렬한 운동으로 땀을 많이 흘렸을 때는 소변량이 줄어든다. 혈관 내 전해질 농도가 오르면서 갈증을 느껴 소변 욕구가 급격히 줄어들기 때문이다. 또한 불의의 사고로 심한 출혈이 생겨 혈압이 떨어지는 경우에도 소변은 나오지 않는다. 이는 모두 소변의 양을 결정하는 일을 방광이 아닌 뇌가 관할하기 때문이다.

뇌의 시상하부에서는 항이뇨 호르몬, 즉 소변을 억제하는 호르몬이 분비된다. 항이뇨 호르몬은 혈액을 타고 콩팥에 내려가서 배출되기 위해 모인 오줌을 재흡수하도록 한다. 이를 통해 체내의 수분 농도를 일정하게 유지하는 것은 물론, 미처 흡수하지 못한 영양분도 저장할 수 있다. 결국 오줌이 마렵다고 느끼도록 소변량을 조절하는 것은 똑똑한 뇌의 몫인 것이다. 그런데 술을 마시면 뇌도 더불어 취하게 마련이다. 그러면 평소 과학적인 시스템으로 소변 욕구를 억제해왔던 뇌가 알코올에 의해 제 실력을 발휘하지 못하게 된다. 취기가 오른다 싶으면 그때부터 자주 화장실을 들락날락하게 되는 이유는 이 때문이다. 마치 거름종이나 필터를 치운 것처럼 보통 때보다 빠른 속도로 물이 빠지기 시작하는 것이다.

한편 취기가 계속 올라가면 항이뇨 호르몬이 다시 분비되면서 소변을 마렵게 하는 이뇨 작용은 감퇴된다. 술을 마시면 마실수록 이에 비례해 화장실에 자주 가게 되는 게 아니라는 것이다. 만취한 사람은 오히려 화장실을 자주 가지 않는다. 술자리에서 소변이 자주 마렵다고 느끼는 때는 취기가 어느 정도 오를 때까지, 즉 처음 두세 시간 사이가 절정이다. 비록 뇌가 술에 취해 잠시 제 역할을 잊은 상태이긴 하지만 소변을 자주 누는 일은 알코올을 빨리 배출시켜 술을 깨게 하고 숙취를 줄이는 데 도움이 된다. 몸속에 들어온 알코올 중 10퍼센트가량은 간에서 대사되지 않고 땀과 소변 등으로 배출되는데, 소변을 자주 보면 그만큼 알코올이 체내에 머무르는 시간을 줄일 수 있기 때문이다.

그렇다고 소변량이 많은 것이 좋지만은 않다. 영양분과 각종 미네랄, 비타민 등은 충분한 시간 동안 체내에 머물러야 흡수가 되는데 그러기도 전에 소변을 통해 몸 밖으로 빠져나가기 때문이다. 그래서 자주 음주를 하는 것은 영양 결핍을 불러올 수 있다. 더구나 술을 마시면서 안주를 적게 먹는 습관이 있다면 상황은 더 심각해진다. 알코올 의존증이 심한 사람이 마르고 영양 결핍에 시달리는 일은 이와 무관하지 않다.

또한 과도한 소변 배출은 필요 이상으로 몸속의 수분을 체외로 빼내기 때문에 일종의 탈수 증상을 불러오게 된다. 술을 마신 다음 날 목이 타는 듯한 심한 갈증을 느끼는 것도 평소와 달리 전날 수분을 많이 배출하는 바람에 생기는 것이다. 알코올을 분해하는 데에는 기본적으로 많은 수분이 필요하기 때문에 과음한 다음 날 물을 많이 마시고 영양분을 충분히 섭취하는 것은 전날의 결핍을 만회할 수 있는 일이다. 그러므로 속이 더부룩하다고 해서 끼니를 거르는 일은 옳지 않다.

여기서 문득 방광염이나 요로결석 등에 걸렸을 때 술을 마시면 소변을 자주 누게 되므로 질병 완화에 혹시 도움이 되지 않을까 하는 의문이 든다. 그러나 아쉽게도 전문의들은 이 방법을 절대 권장하지 않는다. 알코올이 오히려 방광을 자극하고 결석이 생기는 것을 부추기는 등 상황을 악화시키기 때문이다.

취중진담: 심리 변화

"그래 난 취했는지도 몰라/ 실수인지도 몰라/ 아침이면 까마득히 생각이 안 나 불안해할지도 몰라/ 하지만 꼭 오늘밤에 해야 할 말이 있어."

「취중진담」이란 유행가 가사로 술로 인한 불안정한 심리 상태와 감정 변화가 잘 표현돼 있다. 이처럼 누구나 술김에 용기를 내어보았던 추억이나 그 반대로 하지 말아야 할 말을 털어놓았던 아찔했던 경험이 있을 것이다.

술을 마셨을 때 가장 먼저 나타나는 변화는 균형 감각을 잃은 다리, 부정확한 발음, 졸린 듯 풀린 동공 등 신체적인 것이 아니다. 격양된 목소리, 과감해진 표현과 과도한 몸짓 등을 가능케 하는 '심리적인 변화'다. 술을 마법의 음료라고 하는 것은 단 몇 모금만으로도 사람의 성격을 바꾸고 마음을 움직이게 하는 이 신비로운 힘 때문이다.

적정한 음주는 뇌에서 기쁨을 야기하는 엔도르핀이 생성되게 한다. 사랑에 빠진 사람의 뇌에서 흘러넘치는 물질, 주인을 만난 반가움에 있는 힘껏 꼬리를 흔드는 개의 뇌에서 솟구치는 물질이 바로 엔도르핀이다. 술을 마시면 기분이 좋아지면서 스트레스가 일순간 풀리는 편안함을 느낀다. 그런가 하면 평소 낯가림이 심한 사람도 웃음이 많아지며 활달해지고 수다쟁이가 된다. 과거 술이 진통제나 각성제로 쓰였던 것은 이런 효과 때문이다.

그런데 과음을 하면 기쁨의 단계를 넘어서게 된다. 알코올이 가진 진정 작용으로 인해 불안함을 느끼게 되거나 과도한 흥분 상태에 이르는 것이다. 술에 만취하면 우울해지거나 우는 사람이 있는가 하면, 싸움을 일으키며 소동을 벌이는 사람이 생기는 이유다. 그래서 술은 적정한 수준에서 기분 좋게 마셔야 한다. 어느 순간 자신도 모르는 돌발 행동으로 술친구를 잃게 될지 모를 일이다.

술을 마신 정도에 따라 심리 변화가 다양하게 일어나는 까닭은 알코올이 인간의 감정을 지배하는 뇌의 각 부서를 차례로 혼란에 빠트리기 때문이다. '가슴이 두근거린다', '마음이 아프다'라고 하지만 감정을 느끼며 조절하는 것은 사실 뇌의 역할이다. 뇌에서는 감정에 관여하는 수많은 신경전달물질이 분비된다. 사랑에 빠졌다고 느낄 때는 세로토닌, 행복하다고 느낄 때는 도파민, 우울하다고 느낄 때는 멜라

토닌 등이 눈에 띄게 증가한다. 그런데 술은 감정의 중추인 뇌를 마치 마취 상태처럼 몽롱하게 만든다. 그래서 행복과 사랑을 증폭시키는가 하면, 고통과 좌절을 단순화시키기도 하는 것이다.

알코올이 몸속에 들어가면 위장에서 흡수되고 간에서 분해되는데 미처 분해되지 못한 술은 혈관을 따라 몸속을 돈다. 그래서 음주단속 시 혈중 알코올 농도가 음주량의 근거가 된다. 심장에서 피를 내보내면 그중 15퍼센트가량이 뇌로 공급된다고 한다. 이처럼 혈류의 흐름이 많은 뇌는 당연히 알코올의 영향을 크게 받는다. 혀가 꼬이고 중심을 잡고 걷기가 어렵게 됐다는 것은 뇌가 알코올에 충분히 반응하기 시작했다는 뜻이다. 이쯤 되면 감정을 조절하는 기관 역시 녹다운 상태다. 수줍었던 진심이 밝혀진다면 다행이지만 꼭꼭 감춰두었던 본심이 드러나면 곤란하다. 결과가 어쨌든 속내를 두고 벌이는 취중진담의 재미가 술자리의 희로애락 중 하나인 것만은 확실하지 않을까 싶다.

건강하게
마시는 술

술과 스트레스

즐겁고 기쁜 자리에 술은 반드시 필요한 음식이다. 음식과 어울려 맛을 내는 것은 물론 흥을 돋우고 인간관계를 부드럽게 하기 때문이다. 하지만 인생사에 늘 좋은 일만 있을 수는 없는 법. 위안이 필요할 때나 슬픈 마음을 달래고자 할 때, 술은 한마디 위로나 가까운 친구보다 강력한 힘을 발휘하곤 한다.

적당한 술은 슬픔, 고통, 억압으로부터 일시적인 해방감을 안겨준다. 불안감을 줄이고 경미한 우울증을 덜어준다. 또한 술은 식욕을 촉진하고 혈압을 상승시키며 신진대사를 활발하게 만들어 피로 회복을 돕는다. 일시적인 불면증이 있는 경우 잠자리에 들기 전에 가볍게 술을 마시면 숙면에 도움이 된다. 불만이나 마음의 병에도 술은 효과적인 치료제가 된다. '슬픔은 나누면 반이 된다'는 이야기기 있지 않은가? 술은 속마음을 자연스레 털어놓게 해 긴장감을 일순 무너뜨리며 평안을 준다. 따라서 가벼운 스트레스나 피로는 술 한잔으로 풀릴 수 있다.

그러나 과음은 되레 스트레스의 적이 된다. 현대인은 불규칙한 생활과 과다한 업무로 종종 스트레스에 시달린다. 스트레스는 호르몬 분비를 깨뜨리고 간에 피로를 준다. 간이 피로하면 알코올을 제대로 해독하기 어려운데, 문제는 스트레스를 풀기 위해 과음을 하는 경우가 많아 피로와 스트레스가 겹치는 악순환이 이어진다는 데 있다. 또한 우울하다는 이유로 기분이 가라앉을 때마다 술을 찾게 되면, 알코올 의존도는 높아지고 인간관계는 좁아진다. 결국 술로 인해 우울증은 더 깊어지게 되고 불안정한 심리 상태는 극단적으로 치달을 수 있다. 따라서 스트레스가 많이 쌓였을 때는 술 자체에 지나치게 의지하지 말고 술자리의 분위기, 술친구들 간의 대화와 소통으로 풀어야 한다.

술과 심혈관 질환

하루 한 잔의 커피, 한두 잔의 술이 의외로 건강에 도움이 된다는 사실은 널리 알려진 이야기다. 심신의 평안을 주고 피로를 푸는 데 술이 좋은 역할을 한다는 것 외에 신체적·의학적으로도 술은 도움이 된다. 그래서 지혜로운 우리 선조들은 약술이라 하여 술을 약으로도 마셨으며, 술에 각종 약재를 넣어 담가 병자를 치료하고 노인의 기를 보하는 데 쓰기도 했다.

특히 적당량의 술이 심혈관 건강에 도움이 된다는 사실은 여러 연구를 통해 잘 알려져 있다. 연구에 따르면 술을 아예 마시지 않는 사람보다는 한두 잔 정도 즐기는 사람에게 심장병과 관상동맥 질환 등 심혈관 계통 질환이 적게 나타난다고 한다.

술과 심혈관 질환의 관계가 이슈로 떠오른 것은 1980년대 '프렌치 패러독스'라 불린 현상에 의해서였다. 육식 섭취가 많은 프랑스인에게 심혈관 질환이 오히려 적게 발병하는 역설적인 통계가 나온 것인데, 그 이유는 프랑스인들의 식문화에 와인이 빠지지 않고 오르기 때문인 것으로 나타났다. 더구나 포도주에는 노화 방지에 탁월한 것으로 알려진 폴리페놀 성분이 다량 함유돼 있다고 한다. 그런데 심혈관 질환 예방에 도움이 되는 것은 와인만이 아니다. 모든 술이 적정량을 섭

취할 경우 심혈관 건강에 도움이 된다. 이는 술이 심장 박동을 빠르게 해 혈액 순환을 촉진하며, 혈관 내에 혈전이 쌓이는 것을 예방하기 때문이다.

그러나 적정량의 술이라 할지라도 주량, 가족력, 음주 습관 등에 따라 약이 될 수도 독이 될 수도 있으므로 본인의 상태를 잘 알고 마시는 것이 중요하다. 로마 신화에 등장하는 두 얼굴의 신 '야누스'에 비유되곤 하는 것이 바로 술이다.

우리나라 사람들은 과음이 간에 해롭다는 사실은 잘 알면서도 심장에 대해서는 그만큼 인식을 하지 못하는 듯하다. 과음은 심혈관 질환을 높인다. 대표적인 성인병인 고혈압의 원인 중 하나가 과음이다. 특히 잦은 과음과 폭음은 심장 근육을 약화시킨다. 심장 근육이 튼튼해야 피를 순환시키는 '펌프' 역할에 차질이 없다. 만약 과음과 폭음이 습관화될 경우 알코올성 심근경색증을 일으킬 수 있다. 알코올성 심근경색증은 심장의 근육이 약화되거나 심장이 정상적인 크기보다 20~30퍼센트가량 비대해지는 결과를 가져온다. 이렇게 되면 원활한 펌프질을 통해 몸 구석구석에 피를 보낼 수가 없다. 다행히 금주·절주한다면 증상이 호전되지만 계속해서 폭음한다면 심장에 혈액이 공급되지 않아 산소 결핍으로 심장이 갑자기 딱딱하게 굳어지며 괴사하는 심근경색이 올 수 있다. 이는 심각할 경우 '돌연사'라고 불리는 무서운 결과를 초래한다. 더구나 술이 약한 사람은 일시적인 폭유으로도 심장에 큰 타격을 받을 수 있기 때문에 주의해야 한다.

과음을 하는 사람보다는 술을 전혀 마시지 않는 사람이, 그리고 술을 전혀 마시지 않는 사람보다는 적당히 술을 즐기는 사람이 심혈관 계통 질병 발생률이 낮다. 가장 좋은 습관은 자신에게 맞는 적정량의 술을 즐기며 운동을 하는 것이다. 주량을 벗어나지 않을 정도의 술을 좋은 분위기에서 여유롭게 즐기면서, 꾸준한 운동으로 체력을 유지하는 것이 심장과 혈관을 튼튼하게 유지하면서 애주하는 비결이라 할 수 있다.

술과 혈당

애주가들은 반주를 즐긴다. 반주는 입맛을 돋우는 술이다. 그래서 세계인의 식탁에는 대부분 약속이나 한 것처럼 술이 오른다. 프랑스인의 식사에 와인이 빠진 모습은 상상하기조차 어렵다. 일본인은 생선회에 사케를 곁들이는 것을 잊지 않으며, 중국인은 기름지고 푸짐한 요리상에 백주를 차린 것을 최고의 대접으로 친다. 세계 여러 나라가 자국의 음식 문화를 세계에 알리고자 할 때 마지막 히든카드로 술을 꺼내 드는 것은 당연한 일일 것이다. 그런데 반주의 유혹은 맛 때문만이 아니다. 여기에도 과학적 비밀이 있다.

식전에 술을 마시면 혀의 미각이 자극돼 침과 위액이 분비되고, 위의 수축 운동을 촉진해 소화를 돕는다. 또한 알코올은 체내의 포도당 합성을 방해해 혈당을 낮춰 식욕을 높인다. 공복 상태나 운동을 하고 난 후 배고픔을 느끼는 것은 우리 몸의 혈당 수치가 저하돼 있기 때문인데, 반주는 일시적으로 혈당을 낮춰 이와 비슷한 효과를 부른다. 눈앞에 보이는 음식이 더욱 맛있게 보이는가 하면 갑자기 밀려오는 허기에 식욕이 왕성하게 넘쳐 오르기도 하는 것이다. 식전주食前酒나 반주가 입맛을 돋운다고 느끼는 것은 이런 원리에 의해서다.

과음을 하고 나면 허기가 져서 마지막 코스로 해장국을 먹어야 속이 편하다는 사람이 있는가 하면, 술 마신 다음 날은 왠지 음식이 자꾸 당겨 과식을 하게 된다는 사람이 있다. 모두 알코올로 인한 저혈당 현상으로 해석할 수 있다. 식사를 하면 음식을 통해 들어온 영양소가 당분으로 분해되면서 혈당이 오르게 마련이다. 그런데 적정량의 술과 음식을 같이 먹으면 혈당이 오히려 낮아진다고 한다. 그러니 음식이 자꾸 당기는 것이다.

그런데 알코올 섭취로 인한 일시적인 저혈당 현상이 누구에게나 좋은 것은 아니다. 우리 몸속의 혈액은 항상 일정한 혈당 수치를 유지하고 있다. 그리고 이 균형은 췌장이 인슐린을 분비하면서 혈당을 조절하고 있기 때문에 가능한 것이다. 그런데 인슐린이 제대로 분비되지 않으면 혈당이 지나치게 높거나 낮아져 몸 전체가 균형을 잃고 합병증을 유발한다. 이것이 바로 당뇨병이다.

술이 혈당을 낮추기 때문에 당뇨에 도움이 되지 않을까 싶지만, 일시적인 현상일뿐더러 얼마큼 혈당이 내려갈지 환자마다 예측하기 어렵다는 문제가 있다. 더구나 과음은 당뇨병 환자에게 심한 저혈당을 일으킬 수도 있다. 지속적인 과음은 간과 췌장에 무리를 주어 인슐린 조절을 더욱 어렵게 만든다. 따라서 당뇨가 있는 사람은 술을 마실 때 주의를 기울여야 한다. 한두 잔 술은 크게 문제가 되지 않을 수 있지만 의지가 약해 중간에 술을 멈출 수 없다면 금주하는 것이 현명하다.

가벼운 반주는 일상생활에서 건강하고 향기롭게 술을 즐기는 좋은 방법이다. 그러나 식전에 술을 많이 마시면 도리어 밥맛을 잃어 과음으로 이어지게 된다. 참고로 반주하기 좋은 술은 20도 이하의 중저도 주가 좋고, 너무 달거나 쓴맛보다는 약간의 쓴맛과 신맛이 나는 것이 좋다.

알코올 의존증과 금단 증상

한국인에게는 음주 문화가 일상적이다. 경조사는 물론 집들이, 동창회 모임 등 사람이 모이는 자리는 곧 술자리가 되기 쉽다. 더구나 우리 민족은 술을 넉넉하게 대접하는 것이 예의라고 여긴다. 간혹 술에 만취해 실수를 하거나 민폐를 끼치는 사람이 있더라도 한국인들은 이를 너그럽게 이해하는 편이다. 그래서 한국인 중에는 자신이 얼마나 술에 의존하고 있는지 의식하지 못하는 사람들이 꽤 된다.

과거 알코올 의존자라고 하면 사회에 적응하지 못하고 소외된 사람이거나 성격에 장애가 있는 사람으로 바라보는 시각이 많았다. 그러나 알코올 의존은 잘못된 습관에 의한 질병에 더 가까우며, 우리의 관대한 술 문화가 낳은 사회 문제로도 볼 수 있다. 따라서 개인의 의지와 함께 사회·문화적인 개선이 따라야 알코올 '의존'에서 알코올 '통제'로 문제 상황을 바꿀 수 있다.

알코올 의존증은 왜 생기는 것일까? 마음이 나약해서일까? 우울증이나 패배의식에 사로잡혔기 때문일까? 단순한 습관에 의한 것일까?

지속적인 과음은 신체적인 내성을 부른다. 처음에는 소주 1병에 취하던 것이 나중에는 1병 반, 2병을 마셔야 같은 취기를 느끼는 것이다. 따라서 과음은 더 큰 과음을 부르고 술에 의한 중독을 심화시킨다. '술을 계속 마시고 싶다, 더 먹고 싶다'고 반응하는 것은 뇌에 알코올 내성이 생긴 탓이다. 알코올은 진정제와 같은 역할을 한다. 따라서 장

기간 과음에 노출된 뇌가 정상적으로 돌아오는 데는 시간이 걸린다. 더구나 과음을 상습적으로 하면 뇌의 신경세포가 파괴된다. 알코올 의존증에 걸린 사람이 자기 파괴적이고 고집이 세며 공격적으로 돌변하는 등 이상 성격을 보이는 것은 이와 무관하지 않다.

알코올에 중독이 된 사람은 보통 사람이 술을 마시고 경험하는 것과는 다른 것을 느끼며, 다른 반응을 보인다. 술을 마셔야 안정감을 느끼며 술을 마시지 않으면 집중이 되지 않고 불안, 초조, 손 떨림 등이 일어난다. 이를 '금단 증상'이라 하는데 금단 증상이 나타난다면 단순히 의지만으로는 술을 끊기 어려운 상황에 이른 경우가 많다.

통계에 따르면 알코올에 중독된 사람 가운데 80퍼센트가량이 금단 증상을 겪는다고 한다. 금단 증상 초기에는 식욕부진, 불면, 두통, 허탈감 등으로 습관적인 음주를 하게 되고, 중증에 이르면 환각, 환청, 망상, 공포감 등을 느껴 일상적인 생활이 불가능하게 된다.

금단 증상이 없다고 방심해서는 안 된다. 스스로 음주 습관을 통제할 수 없다면 변화와 치료가 필요하다고 인식해야 한다. 알코올 의존도가 높아지면 식사를 거르고 영양 결핍에 이르러 건강을 해치기 쉽다. 결국은 대인 기피와 우울증으로 극단적인 상황을 만들 수도 있으니 알코올 의존은 음지로 자신을 내모는 길이나 마찬가지다.

알코올 의존을 심각하게 여기는 까닭은 이것이 개인의 건강을 해치는 문제에서 그치는 것이 아니라 가족 구성원 모두에게 악영향을 끼치기 때문이다. 그러므로 자신의 알코올 의존도가 얼마나 되는지 자각하는 것은 매우 중요한 일이다. 또한 주변 사람들도 술을 자주 과음, 폭음하는 사람을 두고 단순히 애주가로 두둔하거나 가볍게 보아 넘겨서는 안 된다. 만취에 이르러 술버릇을 자주 보이는 사람을 방관하는 것은 수렁에 빠진 사람을 가만히 내버려두는 것과 같다. 알코올 의존도가 더 높아지기 전에 건강한 삶의 방식을 되찾도록 도와주어야 한다.

술과 장수

술로 인한 폐단과 숱한 금주령의 역사에도 불구하고 지금까지 술이 많은 사람들에게 사랑받고 있는 이유는 그만큼 술이 우리의 삶을 풍족하게 해주는 귀한 음식 중 하나이기 때문이다. 그렇다면 맛과 심리적인 만족감을 제외하더라도 술은 과연 이로운 음식일까?

의학이 발달하면서 술과 건강에 대한 다양한 해석이 나오고 있지만 술이 질병의 직접적인 원인이 된다거나, 반대로 건강에 도움이 된다고 딱 잘라 말할 수 없는 경우가 많다. 술이 인체에 미치는 영향은 참으로 복잡한 것이기 때문이다.

연구 결과에 따르면 음주량과 사망률의 상관관계는 U자형 혹은 J자형을 보인다고 한다. 술을 전혀 마시지 않는 사람과 많이 마시는 사람의 사망률이 높고, 술을 마시되 과하지 않은 사람의 사망률이 가장 낮은 것이다. 이는 세계 각국의 연구 조사와 통계에서 비교적 일치하는 양상을 보인다. 처음에는 다소 예상 밖의 결과에 의문을 제기하는 사람들이 많았다. 술을 전혀 마시지 않는 금욕적인 생활을 했던 사람이 가장 장수할 것이라 기대했기 때문이다.

그런데 술과 장수에 관한 연구 중 재미있는 결과를 보인 것이 있다. 쌍둥이 형제 94쌍이 이 연구의 대상이었는데 한 쪽은 금주, 한 쪽은 술을 즐기는 생활을 했다. 장기간에 걸친 이 조사에서 오래 장수한 그룹은 술을 아예 마시지 않은 쪽이 아닌 술을 즐겼던 그룹이었다. 이 결과를 일반화하기 어렵다고 해도 술이 장수에 부정적인 영향을 미친다고 단정할 수 없음을 알게 된다.

술은 효과적인 에너지원이다. 단백질, 지방처럼 몸속에 저장되지는 않지만 열을 발산하고 혈액 순환을 도와 일시적으로 기력을 높여준다. 그래서 예로부터 우리나라 농민들은 새참으로 농주, 즉 막걸리를 즐겨왔다. 또한 노인에게 술은 식욕을 높여주며 원기를 북돋아주는 자양 강장제 역할을 해왔다. 적당한 술로 노년을 더욱 활기차게 보낼 수 있다면 이것이 바로 장수의 비결이 아닐까? 중요한 것은 음주의 유무나 어떤 종류의 술을 마시느냐가 아니라, 어떻게 어떤 마음으로 술을 즐기느냐에 달린 것이다.

석 잔 의
미   학

술은 석 잔이 기본이다.
한 잔은 아쉽고
다섯 잔부터는 과하기 쉽다.
그래서 석 잔 이상은 권하지 않고
말리지도 않는다.
기분 좋게 딱 석 잔만…

술 석 잔이면 도에 이르고
三盃通大道 삼배통대도
한 말이면 자연과 하나가 된다.
一斗合自然 일두합자연

이백李白

술 잘 마시는 10가지 방법

1 술을 마실 때에는 즐거운 분위기에서 웃고 이야기하며 마신다

스트레스나 화를 풀려고 술을 마시면 더욱 안 좋은 상황이 벌어질 수 있다. 술은 좋은 사람들과 좋은 기분으로 마신다.

2 술은 억지로 마시지 말고 억지로 권하지도 말자

상대방이 술잔을 다 비울 때까지 느긋하게 기다릴 줄 아는 것도 주당의 자세다. 술을 더 마실 수 없을 때는 분명하고 당당하게 의사 표현을 한다.

3 첫 잔은 원샷하지 않고 여러 번에 나눠 마신다

술은 급히 마시지 말고 시간을 두고 천천히 음미하며 마신다. 간에서 알코올 성분을 분해할 시간적 여유를 두고 마셔야 하기 때문이다. 체중이 60킬로그램인 사람이 1시간 동안 소화할 수 있는 알코올의 양은 7~8밀리그램 정도라는 것을 명심한다.

4 술은 1차에서 끝낸다

부득이 2차를 가게 되는 상황이라면 중간에 비알코올 음료를 마시면서 1시간 이상 쉬는 게 좋다.

5 식사 후 충분한 안주와 함께 먹는다

술은 안주와 함께 먹어야 위장의 부담을 줄일 수 있다. 또한 술을 마시는 중간에 물을 자주 마셔 체내 알코올 농도를 낮추고 수분 공급을 해주는 것이 좋다. 미리 수분을 섭취해두는 것도 좋은 방법이다.

6 적정 주량과 본인의 주량을 염두에 두고 마신다

음주량은 각 주종별 표준 잔으로 3~5잔을 넘기지 않는 것이 좋다.
술병에 붙은 라벨의 알코올 도수를 확인하는 것도 좋은 습관이다.

7 음주 후 충분한 수면을 취한다

늦은 시간까지 과음하는 것은 좋지 않다. 수면 시간이 짧으면 알코올
분해가 잘 이뤄지지 않아 숙취의 원인이 된다. 술 마신 다음 날에는
평소보다 1~2시간 더 자는 것이 좋다.

8 일주일 중 최소한 이틀은 술을 마시지 않는 날, '금주day'로 정한다

매일 술을 마시는 것은 간에게 초과 근무, 철야, 노동 착취에 해당한
다. 일주일에 이틀 이내로 술을 마시는 것이 좋고 최소한 이틀은 술을
마시지 않는다.

9 약을 먹을 때는 술자리를 피한다

진통제, 수면제, 안정제, 당뇨병약, 감기약, 알레르기약 등은 술과 만
나면 부작용을 일으킬 수 있다.

**10 독한 술은 스트레이트로 마시지 말고 얼음을 넣거나 물에 희석해서 마
신다**

독한 술은 위장 내벽을 공격한다. 연거푸 독한 술을 마시면 위장 내벽
이 헐기도 한다. 따라서 독한 술일수록 천천히 음미하면서 마시는 것
이 좋다. 외국인들은 우리나라 소주도 위스키와 마찬가지로 얼음에 타
서 마신다고 한다.

술, 오해와 진실

술을 탄산·이온 음료와 함께 먹으면 안 좋다?

술을 마실 때 입가심 혹은 취기를 없앨 요량으로 사이다나 콜라를 마시는 사람이 있는데 과연 탄산음료가 술 깨는 데 도움이 될까? 답은 NO다. 탄산은 위벽을 자극해 알코올 흡수를 촉진하기 때문에 더 빨리 취하게 된다. 이온 음료는 술 마신 다음 날 숙취 해소에는 도움이 되지만 술과 함께 마시면 알코올을 빨리 흡수시키는 역할을 한다.

여자가 남자보다 금방 취한다?

여자는 남자보다 지방 조직이 많아서 체내 수분 보유량이 상대적으로 남자보다 적다. 따라서 체중이 같은 남녀가 같은 양의 술을 마셔도 혈중 알코올 농도는 여자가 더 높아진다. 또한 여자는 남자보다 알코올 분해 효소가 적게 분비되기 때문에 해독력이 떨어져 더 빨리 취한다.

숙취 해소에 사우나가 좋다?

술을 마신 후 사우나를 하거나 뜨거운 물에 들어가면 혈관이 팽창하면서 심장으로 피가 몰려 위험하다. 또한 냉수로 샤워하는 것도 급격히 혈당을 떨어뜨려 쇼크를 일으킬 수 있다. 음주 후에는 미지근한 물로 씻거나 족욕을 하는 것이 좋다.

맥주를 마시면 살찐다?

맥주를 마시면 살이 찐다는 것은 사실이 아니다. 술의 칼로리는 체온 상승, 혈액 순환 등에 소모될 뿐 체내에 쌓이지 않는다. 맥주의 탄산이 식욕을 증가시켜 안주를 많이 먹게 되는 데다 술을 늦은 시간에 마시는 경우가 많기 때문에 이런 오해가 생긴 것이다. 기름진 안주와 과식을 피하는 것이 중요하다.

토하면 술이 금방 깬다?

손가락을 목구멍에 넣어서 억지로 토하는 것은 위험할 수 있는 행동이
다. 토하면 알코올 흡수를 줄여 일시적으로 속이 편하다는 느낌은 들 수
있지만, 식도나 위에 출혈을 일으킬 수 있고 이것이 습관이 될 경우엔 역
류성 식도염 등 질병을 유발할 수 있다.

생활 속 술의 활용

술은 팔방미인이다. 먹다 남은 술은 버리지 말고 다음과 같이 생활 속에서 유용하게 활용해보자.

행주와 걸레를 빨 때 깨끗하게
행주나 걸레를 빨 때 마지막으로 헹구는 물에 술을 넣으면 위생상 도움이 된다. 얼룩을 지우고 세균을 죽이는 역할을 하기 때문이다.

색깔 옷 빨래를 선명하게
색깔이 있는 옷을 빨 때 맥주를 넣으면 색이 선명해지는 효과를 볼 수 있다. 세탁 시 마지막 헹굼 단계에서 물에 맥주를 넣어 헹군 후 그늘에 말린다.

가죽 장갑을 부드럽게
새로 구입한 뻣뻣한 가죽 장갑을 부드럽게 하고 싶을 땐 먹다 남은 맥주를 활용한다. 김이 빠진 맥주를 솜이나 티슈에 묻힌 후 가죽 장갑을 부드럽게 닦아내면 한결 부드러워진 것을 느낄 수 있다.

기저귀 빨래에 청주
아기 기저귀를 빨 때 청주를 넣어 헹구면 살균이 된다. 세탁한 기저귀를 물에 담근 후 청주 1 큰술기저귀 20개 분량을 넣은 뒤 맑은 물로 다시 한 번 헹궈낸다.

볼펜 자국은 소주로 지우기
흰 셔츠에 볼펜 자국이 묻어서 지우고 싶다면 그 부분을 소주로 흠뻑 적신 후에 5~10분 정도 두었다가 솔로 문지른 후 빤다. 소주의 알코올 성분이 볼펜 잉크를 말끔하게 지워준다.

김빠진 맥주로 식물 잎사귀 닦아주기

김빠진 맥주를 천에 묻힌 후 식물의 잎사귀를 닦아주면 먼지가 잘 닦이고 잎에서 윤이 난다. 탄산이 빠진 맥주를 사용해야 식물에 자극이 없다.

청주로 화분 관리하기

청주와 물을 1:1로 섞어서 화분에 뿌려주면 식물 곳곳에 숨어 있던 벌레들이 사라진다. 방충 효과가 있는 파인, 페퍼민트 등의 아로마 오일을 사용하면 더욱 좋다.

맥주로 화분에 영양주기

먹다 남은 맥주를 화분에 뿌려주면 영양분이 보충되고 흙 속의 양분과 칼로리가 빠져나가는 것을 막아 식물이 잘 자라도록 도와준다. 이때 맥주에 물을 넉넉히 섞어서 식물에 직접 술이 닿지 않도록 흙에 뿌려줘야 자극이 덜하다.

재미있는 술자리 건배사

나가자 나라를 위하여, 가정을 위하여, 자신을 위하여

지화자 지금부터 화목한 자리를 위하여

사우나 사나이 우정을 나누자

당나귀 당신과 나의 귀한 만남을 위하여

구구팔팔 이삼사 99세까지 팔팔하게 살다 이틀만 아프고 사흘째 죽자

나이야 가라 나이는 숫자에 불과하니 활력 있게 살자

개나리 계급장 떼고, 나이는 잊고, 릴렉스Relax 하자

원더걸스 원하는 만큼, 더도 덜도 말고, 걸러서, 스스로 마시자

진달래 진하고 달콤한 내일을 위해

당신 멋져 당당하게, 신나게, 당당하게, 져주며 살자

초가집 초지일관, 가자, 집으로

나가자 건, 나가자 배 나라와 가정과 자신을 위하여 건강하자, 나라와 가정과 자신을 위하여 배를 채우자

이상은 높게, 현실을 겸손하게, 잔은 평등하게

드라이버는 멀리, 퍼터는 정확하게, 아이언샷은 부드럽게(골프 모임)

산은 정상까지, 하산은 안전하게, 등산은 수준대로(등산 모임)

선배는 끌어주고, 후배는 밀어주고, 인간 스트레스는 날리고(회사원)

세계의 건배사

미국·영국 Cheers 치어즈·Toast 토스트

Here's to you 히어즈 투 유

Good health 굿 헬스

Bottoms up 보텀스 업

중국 乾杯 간베이

일본 乾杯 간베이

프랑스 A Votre Sante 아 보트르 상테

이탈리아 Cin Cin 친 친·Alla Salute 알라 살루테

스페인·페루·멕시코 Salud 살루드

독일 Prost 프로스트

포르투갈·브라질 Saude 사우지

네덜란드 Proost 프루스트

불가리아 Nazdrave 나즈드라베

덴마크 Skal 스칼

터키 Serefe 세레페

루마니아 Noroc 노록

이집트 Fi sahetak 피 시헤타크

이스라엘 Lehaim 레하임

태국 cha yoo 차 유·sawasdi 사와스디

파키스탄 Sanda bashi 산다 바시

필리핀 Mabuhay 마부하이

가양주 담그는 법

다래주

"청산에 살어리랏다. 머루랑 다래랑 먹고 청산에 살어리랏다." 고려 시대에 지어진 「청산별곡」의 한 구절이다. 다래는 대표적인 산열매로 예전에는 산에서 길을 잃은 나그네나 나무꾼이 허기를 채울 때 따 먹기도 했다고 한다.

다래나무는 깊은 산기슭에서 자라는데 여름에 꽃을 피우고 가을에 달걀 모양의 담황색 열매를 맺는다. 다래는 씨가 많고 맛이 좋아서 흔히 생으로 먹지만 과실주로도 많이 담가 마셨다.

재료 다래 600그램, 설탕 100그램, 소주 1.8리터

담그는 법

① 잘 익은 다래를 깨끗이 씻어 말린 다음 소주, 설탕과 함께 용기에 넣어 서늘한 곳에 보관한다.

② 1개월 정도 밀봉한 후 다래가 풀어지면 찌꺼기를 걸러낸다.

효능 피로, 진통, 이뇨, 불면, 자양 강장, 식욕 증진

석류주

석류주는 조선 시대의 백과사전인 『지봉유설』에 수록돼 있는데 재료나 만드는 법에 대한 설명은 없고 부남안扶南安에 있는 술이라고만 적혀 있다. 석류의 원생지는 서아시아, 인도 서북부 지역이라고 하며 우리나라에는 고려 초기에 중국을 통해 들어왔다고 한다.

석류는 갱년기 장애에 좋은 천연식물성 에스트로겐이 함유돼 있는 사실이 알려지면서 최근 여성들에게 더욱 인기가 많다.

재료 석류 4~5개, 설탕 80그램, 소주 1.8리터

담그는 법

① 솔로 겉면을 잘 문질러 씻고 마른 행주로 물기를 닦아낸다.

② 2~3조각으로 쪼개 설탕, 소주와 함께 병에 담아서 밀봉해 서늘하고 빛이 들지 않는 곳에 보관한다.

③ 음용은 1개월이 지나면 가능하다. 과실을 넣어둔 채 3개월 이상 지나면 더 맛있게 숙성된다.

효능 자양 강장, 설사, 피로, 미용, 정력 증진

마늘술

마늘은 나리과의 여러해살이풀에 속하며 예로부터 식용과 약용으로 많이 쓰였다. 특히 정력을 왕성하게 한다고 해서 예전에는 사찰에서 금하는 다섯 가지 식물 가운데 하나로 꼽히기도 했다.

마늘술은 말초 신경을 자극하여 혈액 순환을 돕고 체내의 독소를 분해해 피로 회복에 탁월하다.

재료 마늘 300그램, 소주 1.8리터

담그는 법

① 마늘의 뿌리 부분을 다듬어 깨끗이 씻는다.

② 찜통에 물을 붓고 끓으면 마늘을 넣고 살짝 찐다.

③ 술을 담글 병은 끓는 물에 소독하고 물기를 말린다.

④ 소독된 용기에 마늘을 넣고 소주를 부어 뚜껑을 덮은 후 그늘에 보관한다.

⑤ 숙성 기간은 6개월~1년이며 빛깔은 엷은 호박색을 띤다. 마늘주에 대추를 20여 개 넣으면 더 좋다.

효능 피로, 냉증, 정력 증진, 노화 방지

진달래술

진달래는 봄에 전국 각지의 산야에 피는 꽃으로 술을 담글 때는 꽃잎을
사용한다. 꽃을 딸 때 철쭉꽃과 혼동하지 않도록 하고, 독이 있는 것을
따지 않도록 유의해야 한다. 독이 있는 것은 꽃송이 아랫부분에 즙액이
나와 진득진득하다.

재료 진달래 400그램, 설탕 300그램,

　　소주 1.8리터

담그는 법

① 진달래꽃이 만발할 때 따서 꽃술은 빼고
　다듬어 그늘진 곳에 말린다.

② 꽃과 설탕을 한 켜씩 용기에 넣은 후
　3~4일 뒀다가 소주를 붓는다.

③ 2개월가량 지나면 숙성되는데 더 좋은 맛과 향취를 즐기려면 곧바로 마시는 것보다
　2개월 정도 더 숙성시키는 것이 좋다.

효능 혈액 순환, 고혈압, 피로 회복, 천식, 냉증

더덕주

더덕은 도라지과의 덩굴성 다년초로 우리나라 각
지에서 생산되고 있다. 예로부터 더덕은 인삼과 비
슷하여 사삼이라고도 불렸고, 특히 깊은 산속에서
자라는 더덕의 뿌리는 식용과 약용으로 귀하게 여
겼다.

더덕은 가을 또는 봄에 뿌리를 캐어 줄기와 잔뿌리
는 다듬어 버리고 물에 씻어 햇볕에 말려 쓴다. 더
덕주는 기관지염과 각종 폐질환에 좋다.

재료 더덕 500그램, 소주 1.8리터

담그는 법

① 더덕은 크고 향이 좋은 것으로 골라 깨끗이 손질하여 씻은 후 물기를 빼놓는다.

② 물기가 없는 유리병에 더덕을 넣은 후 술을 붓고, 랩으로 잘 덮어 공기를 차단시켜 시원한 곳에 보관한다.

③ 3개월 정도 지나면 마실 수 있으나 오래두면 더욱 향긋한 맛을 낸다.

효능 자양 강장, 가래, 기관지염, 기침, 천식 및 각종 폐 질환

귤술

귤술은 일제강점기에 편찬된 『조선고유색사전』에 소개돼 있는데 재료와 술 빚는 법에 관한 기록은 없고 귤로 빚은 술이라고 적혀 있다. 요즘 많이 생산되고 있는 밀감이 아닌 토종 제주도산 귤로 담가야 한다.

재료 귤 600그램, 소주 1.8리터

담그는 법

① 귤을 물에 깨끗이 씻어 물기가 빠지면 썰지 않고 통째로 독이나 항아리에 넣고 소주를 과실의 2~3배가량 붓는다.

② 밀봉하여 지하실이나 서늘하고 빛이 들어오지 않는 곳에 두고 4~5개월간 숙성시킨다.

③ 술이 다 익으면 기호에 따라 당분을 가미해서 먹는다. 당분이 많이 들어가거나 담글 때 설탕이나 당분을 가미하면 해롭다고 하며 많이 마시면 두통이 생길 수 있다.

효능 피로, 감기, 몸살, 자양 강장

생강주

생강은 열대 아시아가 원산지로
특히 인도, 말레이시아 등지에서
많이 재배한다. 우리나라에는 『고려
사』에 기록이 있는 것으로 보아 고려
시대 이전부터 재배한 것으로 추측
되며, 당시에는 왕의 하사품으로 쓰
일 정도로 귀했다고 전해진다.
생강은 맛이 맵고 시며 향기가 좋아서 빵,
카레 등에 향신료로 많이 쓰이며 소화 불량, 혈액 순환
등에 좋아 한약재로도 널리 쓰인다.

재료 생강 300그램, 설탕 200그램, 소주 1.8리터

담그는 법

① 생강을 솔로 깨끗이 씻고 마른 행주로 물기를 닦는다.

② 껍질을 얇게 자른다.

③ 모든 재료를 병에 넣어서 밀봉하고 서늘하고 빛이 들지 않는 곳에서 숙성시킨다.

④ 음용은 1개월 후부터 가능하나 재료는 6개월 전후에 건져내 여과한 다음 다른 병에 옮겨서 밀봉해 보관한다.

효능 구토, 소염 진통, 위장 장애, 소화 불량, 감기, 혈액 순환, 발한

오디술

오디는 뽕나무 열매를 말한다. 술을 담글 때는 열매와 가지의 내피를 사용하는데 열매는 2센티미터 정도로 작고 수분이 많은 것이 특징이다. 오디는 파란색에서 분홍색, 자주색으로 변하다가 자흑색으로 익는데 분홍색일 때는 시큼한 맛이 나지만 자흑색으로 익으면 단맛만 남아 매우 달콤한 맛이 난다.

재료 오디 500그램, 설탕 100그램, 소주 1.8리터

담그는 법

① 설익은 오디를 골라 물에 씻어 그늘에서 하룻밤 말린 후 소주를 붓는다.

② 한 달이면 충분히 익는데 이때 건더기를 건지도록 한다.

③ 오디는 수분이 많아 숙성될 때에는 처음 주도보다 약 6도 정도 떨어지므로 도수가 35도 이상인 소주를 붓는 게 좋다.

효능 이뇨, 변비 예방, 신경통, 고혈압

술 용어사전

ㄱ

가루 누룩 밀과 다른 곡식을 섞어서 쪄낸 후 약초 등을 넣어 발효시킨 누룩.

가양주家釀酒 집에서 빚은 술.

가향주加香酒 술을 빚을 때 향을 가진 나무의 꽃이나 열매, 가지, 식물의 잎을 이용해 술에 향기를 불어 넣은 술.

감미甘味 달콤한 맛. 술에 단맛을 내기 위해 인공적으로는 설탕, 아스파탐, 벌꿀 등을 이용한다.

감저주甘藷酒 고구마술

감주甘酒 ① 엿기름을 우린 물에 밥알을 넣어 식혜처럼 삭혀서 끓인 음식. 예주醴酒 또는 단술이라고도 한다. ② 맛이 좋은 술.

감향주甘香酒 단맛과 향기가 나는 재료를 넣어 만든 술.

감홍로甘紅露 ① 지치 뿌리를 꽂고 꿀을 넣어서 만든 평양 특산의 소주. 맛이 달고 독하며 붉은빛이 난다. ② 소주에 홍국, 계피, 진피, 방풍, 정향 따위를 넣어 우린 술.

강술 안주 없이 마시는 술.

강정보주强精補酒 정력을 도와 보음보양補陰補陽하는 중국술의 총칭.

강주薑酒 생강을 넣고 빚은 술 또는 술에 생각을 우린 술. 편두통, 입덧 등에 효력이 있다.

강주정 술을 마시지도 않고 취한 체하는 억지 주정.

개량 곡자 1930년경 새로 개발된 누룩. 1927년 이전까지는 재래식 곡자가 쓰였다. 개량 곡자는 인위적으로 적당한 온도와 습도를 주어 사계절 내내 일정한 품질을 만들어 낼 수 있다.

객주客酒 손님을 접대하려고 마련한 술.

건배乾杯 ① 잔에 술을 남기지 않고 다 마심. ② 축배를 든다는 구호로 외치는 말. 영어로는 토스트toast, 중국어로는 간베이乾杯라고 함.

계명주鷄鳴酒 여름날 황혼 무렵에 빚어 새벽닭이 울 즈음이면 마시는 술이란 뜻으로 속성으로 빚는 우리나라 전통주 중 하나.

계미주鷄尾酒 칵테일의 중국식 용어. 닭의 꼬리를 뜻하는 영어 뜻을 한자로 옮긴 것이다.

계영배戒盈杯 과음을 경계하기 위해 만든 술잔. 술이 어느 정도 차면 새어 나가도록 구멍이 뚫려 있다.

계주戒酒 술을 삼가고 마시지 않는 것. 술을 조심함.

계향어주桂香御酒 월계수 열매를 넣어 만든 중국 송나라 때의 술. 맛과 향기가 좋아 특히 궁중에서 애용했다.

고두밥 ① 아주 되게 지어져 고들고들한 밥. ② 찹쌀이나 멥쌀을 물에 불려서 시루에 찐 밥. 약밥이나 인절미를 만들거나 술밑으로 쓴다. 지에밥, 술밥이라고도 한다.

고량주高粱酒 알코올 농도 60퍼센트 내외의 중국 특산 소주. 수수를 갈아서 찐 밥에 곡자를 섞어 항아리에 담고, 이를 땅에 묻어 발효시킨 다음 증류한다. 무색투명하며 향기가 있고 씁쓰레하다.

고리 소주를 고는 용기. 흙으로 만든 것을 토土고리, 쇠로 만든 것은 철鐵고리라고 한다.

곡자麯子 누룩. 소맥이나 호맥을 분쇄하고 물로 반죽해 적당한 크기의 덩어리로 빚은 후 일정 온도에서 보존, 대기 중의 균류가 부착·번식해 주류 제조에 필요한 효소가 생성된 것.

곡자 소주 재래식 방법으로 빚은 한국의 전통 소주. 약주를 걸러낸 찌꺼기 또는 누룩으로 밑술을 만들어 고리로 증류시킨 것.

곡주穀酒 곡물로 만든 술.

공술 돈을 내지 않고 거저 얻어먹는 술.

공자백호公子百壺 공자가 술을 몹시 즐겨 홀로 백 병이나 마셨다는 말.

과하주過夏酒 ① 달콤한 술로 알코올 도수 30도 내외이며 여름철에 주로 마시던 술. 누룩가루, 엿기름, 고두밥을 소주와 함께 항아리에 담갔다가 잘 저어 20일쯤 발효시킨다. ② 알코올 도수 13~14도의 술로 김천이 명산지. 고두밥에 누룩가루를 넣어 절구에 빻아 항아리에 담그면 약 한 달 만에 익는다.

과실주 과실을 발효시켜 만든 술. 포도주, 사과주 따위가 있다.

국麴 전분이나 전분과 기타 물료를 혼합한 것에 곰팡이류를 민식시킨 것이나 효소로서 전분을 당화시킬 수 있는 것.

국실麴室 누룩을 재워 두는 방. 누룩을 띄우는 방.

국화주 ① 국화꽃, 생지황, 구기자나무의 뿌리껍질과 찹쌀을 섞어서 빚은 술. ② 감국甘菊: 국화의 꽃이나 싹을 달여 그 즙으로 담근 술. ③ 감국, 설탕, 숙지황, 인삼을 소주 항아리에 넣어 봉했다가 70일 정도 지난 후 찌꺼기를 제거한 술.

군내 흔히 술에서 나는 구진한 냄새. 술독에 묵은 찌꺼기가 있거나 깨끗이 씻지 않았을 때 나는 냄새.

권배勸杯 술잔을 들라고 권함.

권주가勸酒歌 ① 술을 권하는 노래. ② 한국의 12가사 중 하나.

귀밝이술 음력 정월 보름날 아침에 술을 마시면 귀가 밝아진다고 해서 모두 한 잔씩 마시는 술. 데우지 않고 차게 해서 마시며, 귀가 밝아질 뿐만 아니라 1년 동안 좋은 소식을 듣게 된다는 속설이 있었다. 이명주耳明酒라고도 한다.

그레인위스키grain whisky 밀, 호밀, 귀리, 옥수수 등을 발아시키지 않고 양조해서 연속식 증류기를 이용해 알코올 도수 95도가량 되도록 증류한 술. 대량생산이 가능하며, 스카치위스키를 만들 때 몰트의 농후한 맛을 완화시키기 위해 섞는다.

금주禁酒 ① 술을 마시지 않음. 술을 끊음. ② 어떤 장소에서 술을 금하는 일.

ㄴ

난주卵酒 청주를 따끈하게 데워 계란과 설탕을 풀어 넣은 술. 흔히 가정에서 감기에 효력이 있다고 마신다.

낮술 낮에 마시는 술

내외주점 내외술집. 접대부가 술자리에 나오지 않고 술을 순배술잔로 파는 술집.

냉청주 쌀을 원료로 빚은 맑은술을 냉장으로 한층 더 순화시킨 여름용 청주. 한 번 가열한 것과 냉장만 한 두 종류가 있다.

넥타nectar 그리스 신화에서 신들이 마시던 신비로운 술로 이 술을 마신 사람은 죽지 않는다고 한다. 원래는 식물이 분비하는 꿀이나 감미로운 음료를 일컫는 말로 지금은 과실음료를 뜻한다. 사과, 복숭아, 배 등을 갈아 체로 걸러서 여기에 설탕을 넣고 물을 섞어서 묽게 해 마신다.

노주老酒 ① 음력 12월에 담가서 묵히다 다음 해에 거른 술. ② 술로 늙은 사람. ③ 중국에서, 찹쌀·좁쌀·수수 따위로 빚는 술을 통틀어 이르는 말. 오래 묵혀 잘 익은 좋은 술이란 뜻으로도 쓰인다.

노주露酒 이슬 같은 술이란 뜻으로 소주를 달리 이르는 말.

녹파주綠波酒 고려 시대 때부터 내려온 전통주의 하나. 멥쌀가루로 술밑을 만든 것에 찹쌀가루로 죽을 쑨 것을 섞어서 만든 약주로, 매우 맑은 빛깔을 띤다.

농주農酒 농사할 때 농촌에서 일꾼들에게 대접하는 술. 흔히 막걸리를 뜻한다.

누룩 술을 빚는 데 쓰는 발효제. 밀이나 찐 콩 따위를 굵게 갈아 반죽해 덩이를 만들어 띄워서 누룩곰팡이를 번식시켜 만든다. 붉은 누룩, 가루누룩, 섬누룩 등이 있다. 곡자, 국얼, 국자라고도 한다.

ㄷ

단술 감주.

당밀주唐蜜酒 당밀사탕수수나 사탕무에서 사탕을 뽑아내고 남은 검은빛의 즙액을 발효한 후 증류한 술.

당화糖化 녹말이나 다당류가 효소나 산의 작용으로 가수 분해돼 단당류나 이당류를 생성하는 것. 모든 술은 이 과정을 거친다.

대작對酌 술을 마주 대해 마시는 것 혹은 술 마시는 상대가 돼 줌.

대포 선술집 등에서 별다른 안주 없이 큰 잔으로 술을 마시는 일.

대폿집 별다른 안주 없이 큰 잔으로 술을 파는 집. 선술집을 대폿집이라고도 한다.

테킬라tequila 멕시코 술. 선인장의 일종인 용설란의 수액을 발효시키면 하얗고 걸쭉한 풀케라는 탁주가 되는데 이를 증류해서 만든다.

도소주屠蘇酒 도라지, 방풍, 산초, 육계를 넣어서 빚은 술. 설날 아침에 차례를 마치고 세찬歲饌과 함께 마시는 찬술로, 나쁜 기운을 물리친다고 한다.

도화주桃花酒 ① 복숭아꽃을 넣고 빚은 술. ② 복숭아꽃 빛깔이 나는 술.

독작獨酌 술을 따라 주거나 권하는 상대가 없이 혼자서 술을 마심.

동동주 발효가 끝난 후 맑은술을 떠내거나 걸러내지 않아 밥알이 동동 뜬 막걸리. 부의주浮蟻酒라고도 한다.

두견주杜鵑酒 진달래꽃을 넣어 빚은 가향주. 진달래꽃에는 다른 꽃보다도 꿀이 많아 술에 단맛이 난다. 면천 지역의 두견주가 가장 유명하다.

두주斗酒 한 말 정도의 분량이 되는 술로 밀술과 같은 뜻. 두주불사斗酒不辭란 말술노 사양하지 않는다는 뜻으로, 술을 매우 잘 마심을 이르는 말.

드라이dry 단맛이 적고 쓰다는 뜻으로 리큐르, 진, 위스키, 와인 등 술맛을 나타낼 때 쓰는 말.

드라이 진dry jin 단맛이 없고 쌉쌀한 맛이 나는 진.

디오니소스Dionysos 그리스 신화에 나오는 신으로 로마 신화에서는 바커스라고 한다. 디오니소스는 제우스와 세멜레의 아들로 제우스의 넓적다리에서 태어나 대지를 풍요롭게 하고 인간에게 포도 재배법을 알려주었다고 한다.

디저트 와인dessert wine 식사를 마친 후에 디저트와 함께 마시는 와인. 달콤하고 시원한 스위트 와인Sweet Wine을 주로 마시며 알코올 도수가 약간 높은 것이 특징이다.

디캔터decanter 포도주를 옮겨 넣어두는 병. 대게 유리나 크리스털로 만든다. 디캔터는 입구가 좁고 길며 내부는 넓은 구조로, 이런 모양을 쓰는 까닭은 숙성된 와인이 공기와 접촉하면 급속하게 산화돼 맛을 해칠 수 있기 때문이다.

디캔팅decanting 병에 든 와인을 디캔터로 옮겨 담는 과정.

ㄹ

라거 맥주 저장실에서 2차 발효를 시켜 양조되는 맥주.

럼rum 당밀 또는 사탕수수 찌꺼기에 물을 부어 발효시켜 만든 증류주. 서인도제도의 특산주로 자메이카 섬의 킹스턴이 가장 유명하다.

로제 와인 Rose Wine 포도를 발효시키다가 어느 정도 색이 우러나오면 껍질을 제거해 만든 와인으로 색은 장밋빛과 같은 분홍빛이며 맛은 화이트 와인에 가깝다.

루즈rouge '붉다'는 뜻의 프랑스어로 레드 와인의 약어로 쓰인다.

리큐르liqueur 알코올에 과실, 약초, 향초, 향신료의 추출물이나 설탕 또는 기타의 감미료 및 착색료 따위를 넣어서 만든 혼성주. 증류주란 뜻으로도 쓰인다.

ㅁ

마유주馬乳酒 말의 젖으로 만든 술. 중국의 동북 지방 및 몽고 지방에서 말젖을 발효시켜 만든 술로 알코올이 5도 전후이며 우리나라 막걸리와 같이 뿌연 색이다. 신맛이 나고 심한 젖비린내가 나기 때문에 비위가 약한 사람은 토하기 쉽다.

막걸리 우리나라 고유한 술의 하나. 곡물을 발효해 빛깔이 흐리고 맛이 텁텁하다.

명정酩酊 몸을 가눌 수 없을 정도로 술에 몹시 취함.

맥아麥芽 겉보리에 물을 주어 싹을 트게 한 것. 맥주의 원료로 쓰인다.

맥주 엿기름가루를 물과 함께 가열해 당화한 후, 홉hop을 넣어 향과 쓴맛이 나게 한 뒤 발효해 만든 중저도주의 술.

목로木路 주로 선술집에서 술잔을 놓기 위해 쓰는, 널빤지로 좁고 기다랗게 만든 상.

목로주점 목로를 차려 놓고 술을 파는 집.

문배주 평안도 지방의 민속주. 좁쌀, 누룩을 수수밥과 섞어 빚은 뒤 발효시켜 증류한 소주. 알코올 농도는 40퍼센트 정도이며 술의 빛깔은 누런 갈색을 띠는데 문배나무와 비슷한 향기가 난다.

미인주美人酒 입으로 곡물을 씹어서 담근 술.

밀주密酒 허가 없이 몰래 술을 담금. 또는 그 술.

밀술 ① 약주를 거르고 남은 찌끼 술. ② 술을 빚을 때에 빨리 발효되도록 누룩, 지에밥과 함께 조금 넣는 묵은 술.

ㅂ

바커스Bacchus 로마 신화에 등장하는 술의 신. 그리스 신화에서는 디오니소스로 불린다.

반야탕般若湯 불교에서 승려들이 술을 이르는 말.

반주飯酒 밥을 먹을 때 한두 잔씩 마시는 술. 위장을 자극시켜 식욕을 돋우고 소화를 촉진시킨다.

발포주發泡酒 주류의 제조 과정에서 발생한 이산화탄소가 주액에 함유돼 있다가 병마개를 따면 거품이 나는 술. 혹은 주류에 탄산가스를 가해서 발포성을 갖게 한다. 샴페인 등이 발포주에 해당한다.

발효醱酵 미생물이 자신이 가지고 있는 효소를 이용해 유기물을 분해시키는 과정. 알코올류, 유기산류, 이산화탄소 등이 생긴다.

발효주醱酵酒 발효 과정을 통해 만든 술. 막걸리, 와인 등이 해당된다.

배갈 고량주라고도 하는 중국술. 무색투명하며 신맛이 난다. 알코올 도수는 30~45도 정도에 이른다.

방문주方文酒 ① 맛과 약효를 위해 전해 오는 약방문에 따라 특별한 재료와 방법으로 빚은 술. ② 찹쌀과 누룩을 섞어 만든 경상남도 밀양 지역의 곡주.

백주白酒 ① 중국술 중 증류주를 일컫는 말. 원료는 고량, 쌀, 보리, 콩, 옥수수 등이며 배갈, 고량주 등이 있다. 40도 이상의 독한 술이다. ② 찹쌀을 찐 다음 누룩가루와 물을 섞어 발효시킨 빛깔이 흰 술. ③ 일본 술의 일종.

백하주白霞酒 우리나라의 전통 청주 중 하나. 생쌀에 뜨거운 물을 부어서 발효시킨 생쌀 발효법으로 빚으며 생선회나 무침 등에 잘 어울린다.

법주法酒 ① 일정한 법식에 맞춰서 빚은 술. ② 찹쌀과 국화와 솔잎을 넣고 100일 동안 땅에 묻었다가 꺼낸 술이라고 하며, 절에서 양조됐다고 해서 법주라고 한다. 일설에는 문무백관이나 외국 사신 접대를 위해 만든 특주라고도 하며 경주가 명산지다.

별주別酒 ① 특별한 방법으로 빚은 술. ② 이별주

보드카vodka 러시아의 대표적인 증류주. 보리, 감자, 옥수수 등의 원료에 맥아를 더해 당화, 발효시킨 것을 증류해 만든다. 무색투명하고 냄새가 거의 없으며 단맛이 약간 돈다. 알코올 도수는 46~60도.

보디body 술 고유의 독특한 맛. 와인에 있어서는 질감, 무게감, 묵직함 등 와인 고유의 맛을 뜻한다.

부케bouquet 발효와 숙성 과정에서 일어나는 와인의 화학적 변화에 의해 형성된 향기.

부의주浮蟻酒 동동주. 우리나라 전통 민속주로 술 표면에 삭은 밥알이 동동 떠 있다.

브랜디brandy 과실주를 증류한 알코올 도수가 강한 술의 총칭. 주로 와인을 증류한 술을 일컫는데 오크통에 넣어 숙성시켜 응축된 와인의 향미와 오크향을 느낄 수 있다.

블렌딩blending 같은 종류의 포도주나 증류주를 섞는 것.

ㅅ

사온서司醞署 고려 시대에 술과 단술을 빚어 공급하는 일을 맡은 관청. 충렬왕 때 양온서를 개칭한 것.

사이다cider 유럽에서 사과를 발효시켜 만든 술을 이르는 말로 알코올 성분이 1~6퍼센트 정도 들어 있다.

상면 발효 맥주 제조법의 일종. 액의 상면으로부터 발효가 시작되게 하는 방식. 하면 발효보다 고온에서 이루어지며 영국계 맥주가 이 방식을 취한다. 알코올 도수가 높고 맛이 진한 것이 특징.

생맥주 살균가열하지 않은 양조한 그대로의 맥주.

샴페인champagne 프랑스 샹파뉴 지방에서 수확한 포도로 만든 고급 스파클링 와인인 '샹파뉴'의 영어식 발음. 이후 유명세로 인해 스파클링 와인을 지칭하는 대명사가 됐다.

선술집 선 채로 술을 마시는 술집.

섬누룩 막걸리나 소주 따위를 만드는 데에 쓰는 낮은 품질의 누룩. 밀을 갈거나 찧어서 크고 둥글넓적하게 만든다.

세주歲酒 설날 차례 상에 올리거나 마시기 위해 담그는 술.

소곡주小曲酒 맛과 향이 뛰어나 한번 맛을 보면 자리에서 일어날 줄 모른다고 해서 '앉은 뱅이술'이라고도 불렸다. 충남 서천군 한산면이 제조 지방으로 유명하다. 끓는 물을 식혀 항아리에 넣고 누룩가루, 지에밥을 넣어서 하룻밤을 지낸 뒤 다시 쌀가루 찐 것을 물에 풀어 으깨어 넣고 15일쯤 지난 후에 걸러서 마신다.

소주燒酒 곡류에 누룩과 물을 섞어 발효시킨 후 증류한 무색투명한 술. 노주露酒, 화주火酒, 백주白酒, 기주氣酒라고도 한다.

소줏고리 소주를 증류할 때 쓰는 기구. 가운데가 잘록한 8자 모양으로 생겼으며 이 부분에 있는 길쭉한 주둥이를 타고 증류된 술이 흘러내린다.

속성주 단시간에 빚어낸 술. 옛날 집안의 큰일이 있어 갑자기 많은 손님을 대접해야 할 때 많은 양의 술을 한꺼번에 빨리 빚어 마련하였다고 한다.

송엽주松葉酒 솔잎을 넣고 빚은 술.

송화주松花酒 소나무의 꽃을 줄거리째로 넣어서 빚은 술. 알코올 도수는 15도에서 18도 내외로 맛이 달고 향기롭다. 안동 지방의 송화주가 유명하다.

숙취熟醉 술 마신 다음 날까지 깨지 않는 취기.

순배巡杯 술자리에서 술잔을 차례로 돌림. 또는 그 술잔.

순주醇酒 진하고 순수한 술. 아무 것도 섞지 않은 술.

술고래 술을 많이 마시는 사람.

술국 술집에서 안주로 주는 국.

술덧 누룩을 섞어 버무린 지에밥. 술의 원료로 쓰이며 술밑, 술밥이라고도 한다.

술도가 술을 만들어 도매하는 집. 양조장.

술밑 술의 원료로 누룩을 섞어 버무린 지에밥.

술밥 ① 술을 담글 때 쓰는 지에밥. ② 쌀에다 술, 간장, 설탕 따위를 섞어 지은 밥. 숨비지 술을 거르고 남은 찌끼. 재강, 지게미이라고도 한다.

스카치위스키scotch whisky 영국 스코틀랜드에서 생산되는 위스키. 세계 4대 위스키 중 하나로 꼽힌다.

스트레이트straight 양주에 물 따위를 타지 않고 그냥 마시는 일. 또는 그 양주.

스틸 와인still wine 비발포성 포도주. 이산화탄소가 함유돼 있지 않아서 거품이 나지 않는다.

스피릿spirit 증류주.

식간주食間酒 식사 중간에 마시는 술.

식전주食前酒 식사 직전에 마시는 술.

신주神酒 신령에게 올리는 술.

○

아르마냐크armagnac 프랑스 아르마냐크 지방에서 생산되는 와인 증류주. 코냑과 더불어 가장 유명한 브랜디다.

아이리시위스키Irish Whisky 아일랜드에서 생산되는 위스키. 세계 4대 위스키 중 가장 역사가 깊다.

압생트absinthe 19세기 후반 프랑스에서 많이 마셨던 술로 주정에 약쑥이나 기타 향료를 넣어 만든다. 알코올 도수가 높으며 푸른빛을 띤다.

애주가愛酒家 술을 좋아하고 사랑하는 사람.

약용주藥用酒 약초나 향미가 뛰어난 것, 기타 의료나 강정强精에 도움이 될 만한 물질의 성분을 침출浸出한 술의 총칭. 약술이라고도 한다.

약주藥酒 술이 다 된 뒤에 술독에 용수를 박아 떠낸 맑은술. 청주.

양조장 청주, 탁주, 소주를 만드는 술 제조장.

양조주釀造酒 곡류를 원료로 당화시켜서 발효시킨 술. 포도, 사과 등 당분이 있는 것을 그대로 발효시켜 만든 술. 발효주醱酵酒라고도 한다.

어주御酒 임금이 하사한 술.

에이지age 술이 통에서 묵은 햇수.

에일ale **맥주** 영국에서 제조되는 대표적인 상면 발효 맥주.

여과 주류 제조 공정 중 하나. 숙성된 술덫을 액체와 지게미로 분리하는 일.

용수 싸리나 대오리로 만든 둥글고 긴 통. 발효가 끝난 술을 거를 때 쓴다.

와인wine 과일을 발효시켜 만든 술을 뜻하지만 일반적으로 포도를 발효시킨 술을 와인이라 한다. 색에 따라 레드 와인, 화이트 와인, 로제 와인 등이 있다.

위스키whisky 밀, 보리, 수수 등에 맥아를 넣어 만든 증류주. 보통 색깔이 붉으며 특이한 향이 있다.

음복飲福 제사를 지내고 난 뒤 제사에 쓴 술을 나눠 먹음.

이강주梨薑酒 조선 중기부터 전라도와 황해도에서 빚어온 한국의 전통 민속주. 이름대로 소주에 배와 생강을 혼합해 만든 고급 약소주로 이강고라고도 한다.

이화주製花酒 배꽃이 필 무렵에 빚는 술이란 뜻. 고려 시대 대표적인 탁주로 멥쌀, 누룩, 물로 빚는 걸쭉한 술이다.

ㅈ

재강 술을 거르고 남은 찌꺼기.

절기주節氣酒 명절, 때마다 빚는 술.

절주배節酒杯 계영배.

정화수井華水 ① 이른 새벽에 길은 우물물. 부뚜막신에게 가족들의 평안을 빌면서 정성을 들이거나 약을 달이는 데 쓴다. ② 술을 담글 때 쓰는 맑고 좋은 물.

젖술 양젖, 염소젖, 말젖 등으로 만든 술.

조강糟糠 술 찌꺼기와 쌀겨라는 뜻으로 가난한 사람이 먹는 변변치 못한 음식을 이르는 말. 조강지처란 몹시 가난하고 천할 때에 고생을 함께 겪어 온 아내를 이르는 말이다.

주당酒黨 술을 즐기고 잘 마시는 무리.

주도酒道 술을 마시거나 술자리에 있을 때의 도리.

주막 시골 길가에서 밥과 술을 팔고, 돈을 받고 나그네를 묵게 하는 집.

주벽酒癖 술버릇. 술을 마시면 나오는 못된 버릇.

주량酒量 마시고 견딜 정도의 술의 분량.

주사酒邪 술 마신 뒤에 버릇으로 하는 못된 언행. 주정.

주선酒仙 세속을 초월해 술을 즐기는 사람.

주성酒聖 술을 잘 마시는 사람.

주안상 술과 안주를 차린 상.

주정酒精 전분이 함유된 물료 또는 당분이 함유된 물료를 발효시켜 알코올 도수 85도 이상으로 증류한 것.

주천酒泉 술이 샘솟는 물. 많은 술을 이르는 말.

주호酒豪 술을 잘 마시는 사람.

주합酒盒 ① 쇠붙이로 만들어 술을 담는 그릇. 뚜껑을 잔 대신으로 쓴다. ② 술과 안주를 담아서 들고 다닐 수 있게 만든 찬합. ③ 위는 술병으로 쓰고, 아래는 안주를 담는 데 쓰는 그릇. 청화 백자에 흔히 있다.

죽력고竹瀝膏 죽력푸른 대를 구우면 나오는 끈끈한 진액을 섞어서 고아낸 소주.

죽통주 살아 있는 대나무 마디 사이에 모주母酒를 넣어 익힌 술.

증류주 일단 만든 술을 다시 증류해 알코올 성분을 많이 함유하게 한 술. 소주나 위스키 따위가 있다.

지에밥 찹쌀이나 멥쌀을 물에 불려서 시루에 찐 밥. 약밥이나 인절미를 만들거나 술밑으로 쓴다.

진jin 증류주의 하나. 옥수수, 보리, 밀을 원료로 하여 만들며 노간주나무 열매로 향기를 낸 무색투명한 술이다. 영국산을 런던 진이라고 한다.

ㅊ

창포주 창포즙에 찐 찹쌀과 누룩가루를 섞어 만들거나 창포잎을 소주에 넣어 담그는 술.

청명주 24절기 가운데 하나인 청명일에 사용하기 위해 빚는 민속주.

청주淸酒 쌀, 누룩, 물을 원료로 하여 빚어서 걸러낸 맑은 술.

취기醉氣 술에 취해 얼근해진 기운.

취필醉筆 술에 취해 글씨를 쓰거나 그림을 그림. 또는 그 글씨나 그림.

취향醉鄕 술이 거나하게 취해 느끼는 즐거운 경지.

취흥醉興 술에 취해 일어나는 흥취.

침출浸出 술에 과실이나 약재를 넣어 그 성분이 우러나게 하는 일.

ㅋ

칵테일cocktail 여러 종류의 양주를 섞고 과즙, 설탕, 향료를 혼합해 만든 술.

코냑cognac 프랑스 코냐크 지방에서 생산하는 고급술. 포도주를 증류하여 정제한 것으로 알코올 농도가 40퍼센트 이상이다.

ㅌ

타닌tannin 와인의 맛을 나타내는 중요한 요소로 포도 껍질, 씨, 줄기에서 추출되는 씁쓸하고 팁팁한 맛을 내는 성분. 덜 익은 과일이나 종자에 많다.

탁주濁酒 희고 탁한 술로 막걸리를 뜻한다. 찹쌀, 멥쌀, 보리, 밀가루 등을 쪄서 누룩과 물을 섞어 발효시킨 한국 고유의 술.

테루아르terroir 포도가 자라는 데 영향을 주는 지리적인 요소, 기후적인 요소, 재배법 등을 이르는 말.

통음痛飮 술을 매우 많이 마심.

ㅍ

폭음暴飮 ① 술을 한꺼번에 많이 마심. ② 가리지 않고 아무것이나 마구 마심.

퓨젤유fusel oil 알코올 발효의 부산물. 전분이나 당분이 발효될 때 생성되며 숙취를 일으키는 요인이 된다.

프루프proof 증류주의 알코올 농도를 나타내는 단위. 기호는 pf. 20도짜리 소주를 프루프로 표시하면 40프루프다.

ㅎ

하면 발효 맥주 제조법의 일종. 저온에서 액의 하면으로부터 발효가 시작되게 하는 방식. 독일에서 발전했으며 현재 시중에 파는 대부분의 맥주가 하면 발효로 만들어진다.

합성주合成酒 일반적인 양조 과정을 거치지 아니하고, 알코올에 포도당, 유기산, 아미노산 따위를 가해 비슷한 맛이 나도록 만든 술.

합환주合歡酒 ① 전통 혼례식에서 신랑 신부가 서로 잔을 바꾸어 마시는 술. ② 남녀가 함께 자기 전에 마시는 술.

호산춘湖山春 조선 시대부터 전해진 민속주. 황희 정승이 즐겼다고 하며 솔잎이 첨가돼 담황색을 띠며, 솔향이 그윽하다. 제조 지방으로 문경이 유명하다.

혼돈주混沌酒 막걸리에 소주를 섞은 것처럼 여러 가지 술을 한데 뒤섞어서 만든 술.

혼성주混成酒 ① 양조주나 증류주에 향료, 감미료, 색소 따위를 첨가해 만든 술. 베네딕틴, 퀴라소, 리큐어 따위가 있다. ② 두 가지 이상의 술을 섞어서 만든 술.

홉hop 삼과의 식물로, 황록색 꽃이 맥주 원료로 쓰인다. 독특한 향과 쓴맛을 낸다.

황주黃酒 중국술의 하나. 누룩과 차조 또는 찰수수 따위를 원료로 해 만든 담갈색 또는 흑갈색의 술이다.

효모yesst 빵, 맥주, 포도주 등을 만드는 데 사용되는 미생물. 과실이나 곡물을 발효시켜 술로 만든다.

참고 문헌

_단행본

조정형. 2003. 『우리 땅에서 익은 우리 술』. 서해문집

이종기. 2000. 『술, 술을 알면 세상이 즐겁다』. 한송

류병호. 2002. 『술술 풀어가는 술이야기』. 예림미디어

정현순·오문석. 2002. 『한국의 술』. 두남

남태우. 2002. 『알코올의 야누스적 문화』. 창조문화

김성대 외. 2003. 『직장인 음주대책 국제비교』. 경상대학교 사회과학연구원 사회과학연

구총서. 한울아카데미

정영기·남기두. 2004. 『술과 전통식품』. 세종출판사

김중식. 2006. 『서울의 밤문화』. 생각의 나무

강준만. 2008. 『한국 근대사 산책 10』. 인물과 사상사

진로그룹홍보실. 1998. 『술의 세계』. 주식회사 진로

원융희. 2009. 『술 진정한 동반자인가 악마인가』. 백산출판사

_인터넷 자료

한국주류산업협회 http://www.kalia.or.kr/

한국음주문화센터 http://www.kodcar.or.kr/

디지털 우리 술문화 http://koreanliquor.culturecontent.com/

한국전통주연구소 http://www.ktwine.or.kr/

서울육백년사 http://seoul600.visitseoul.net/

예술로 http://www.art.go.kr/

두산백과사전 http://www.encyber.com/

국립국어원 http://www.korean.go.kr/

_잡지, 웹진

이근배. 2004. 「명동이라는 이름의 불빛– 우리문단의 명동시대」.《대산문화 웹진》, 2004년 겨울호

《시사IN》. 2009.10.17. 「막걸리 문화가 되다」. 제109호

허시명. 2007.10.18. 「라이프트렌드: 쌀쌀한데 쌀막걸리 한 사발 할까」.《한겨레21》, 제681호

허시명. 2000.10. 「이색리포트: 술에 취하고 세금에 털리고」.《신동아》

최선정. 1992.11.2.「경제수상:단란한(?) 술집」.《나라경제》, 제24호. 한국개발연구원

2003.12.18. 「커버스토리 포장마차, 2003 한국 자화상– 이밤도 한잔 술에 '포장마차' 졸고 있다」.《주간동아》. 제414 호

이현정. 2009.4. 「조선 시대 금주령」. News Pros. 대검찰청 웹진

_논문

임규석. 2006.12. 「주류산업에서의 신제품마케팅 전략에 관한 연구– 소주 신제품을 중심으로」. 중앙대학교 국제경영대학원

김진석. 2006. 「브랜드 차별성 강화를 위한 소주 포장디자인에 관한 연구 '참眞이슬露'를 중심으로」. 홍익대 산업미술대학원

박은숙. 2001. 「음주가 건강과 사회에 미치는 영향과 한국인의 음주 실태」. 원광대학교 행정대학원. 한국교육학술정보원

이기안. 2004. 「麥酒브랜드의 마케팅戰略에 관한 研究 = (A) Study on the Marketing Strategy of Beer Brand」. 인하대학교. 한국교육학술정보원

_학술지

허시면. 2008. 「한국 소주의 어세와 오늘」.《한국어와 문화》, 제3집. 숙명여자대학교 한국어문화연구소

김문겸·이동일. 2008. 「한국인의 술문화와 술집의 변천」.《한국어와 문화》, 제3집. 숙명여자대학교 한국어문화연구소

권상우. 2009.5.25 「한국문화의 정체성을 찾아서(2): 정감적 음주문화와 이성적 음주문

화」. 계명한국학 한국학연구원 소식지, 제18호. 계명한국학 한국한연구원

오재환. 2002. 「한국인의 여가와 음주문화」. 《사회연구》, 4호. 사회연구사

유상오·신유호. 2008. 「전통 술의 세계 상품화」. 《식품과학과 산업》, 제41권 제4호. 한국식품과학회

주영하. 2001. 「음식과 식민주의: 외래문화가 음식민속에 끼친 영향」. 실천민속학회. 2001년 학술대회 "민속문화의 전통과 외래문화" 발표문

_보도 기사

《경향신문》 2009.10.7. 「소읍기행」 전통술 문배주가 익는 마을, 김포 통진읍 서암리"

– 2007.3.27. "술 속에 사회 변화가 녹아 있다"

《뉴시스》 2009.10.13. "트렌드 확산되는 막걸리 열풍– 없는 거 빼고 다 있다. 제품 다양화"

– 1976.7.10. "아십니까 우리는 작년에 술을 얼마나 마셨나"

– 1979.1.30. "가요계에 사교장에 디스코 강풍이 분다"

– 1982.9.01. "문인들의 단골술집"

《문화일보》 2004.4.28. "「박영출기자의 술 이야기」 녹색 병 소주 '순한 맛 느낌' 담아"

– 2005.5.19. "시대를 추월한 화법 '신품과 묘품'"

– 2009.6.4. "오후여담 명동시대"

《문화저널21》 2009.5.18. "「기획특집」 시인과 술 1"

《서울신문》

– 2008.10.27. "[그림이 있는 조선풍속사] (42) 조선의 대표술집, 선술집과 색주가"

– 2008.6.2. "[그림이 있는 조선풍속사] (22) 고달픈 나그네의 휴식처, 주막 "

– 2008.11.10. "[그림이 있는 조선풍속사] (44) 기생과 기방"

– 2008.2.18. "[그림이 있는 조선풍속사] (7) 일 하다 먹는 들밥"

《연합뉴스》 2008.12.4. "연말 숙취, 피할 수 없다면 제대로 풀자!"

– 2009.9.29. "이름까지 아름다운 전통주 되살린다"

《오마이뉴스》 2009.9.16. "800년 된 양조장서 뽑아낸 고량주, 맛 안 보면 섭섭하지"

《이데일리》 2009.7.27. "몸에 좋은 웰빙주로 여름 건강 지킨다"

≪인천뉴스≫ 2003.11.19. "전 세계인의 행사, 보졸레 누보 축제"

≪중앙선데이≫ 2009.10.25. "70년대 시인의 밥, 이젠 日 신주쿠 바에서 마신다"

≪조선일보≫ 2009.8.25. "[한국만의 문화] 여가는 없고 회식만… 고달픈 직장인들이 노는 법"

≪조인스닷컴≫

- 2009.5.14. "요즘 막걸리, 대접 달라졌다"

- 2008.11.22. "80년대 초 대학생들이 마시던 양주 '캡틴큐'를 아시나요"

- 2008.9.25. "섬세하다 부드럽다… 사케는 애인이다"

- 2008.12.28. "직장인 '위하여'→'이대로'… 올 연말 유난히 뜨거웠던 건배사들"

- 2004.4.19. "최연구의 생활 속 프랑스어로 문화읽기 17 살롱과 룸살롱"

- 2008.1.12. "고흐의 술 압생트 에메랄드 빛 유혹"

≪한겨레≫ 2009.7.17. "「임범의 노천카페」 술꾼들의 수다"

- 2009.7.1. "「고나문기자의 맛경찰」 문배술 18년, 안동소주 30년 마시고 싶어라"

- 2006.4.15. "술독 행복한 시간 안녕"

≪한겨레21≫ 2005.8.11. "빼앗긴 술"

- 2008.10.22. "화가들의 녹색 요정 압생트"

_기타

보도자료: 2009.8.26. 「우리술산업 경쟁력 강화방안– 한식과 함께 우리술을 세계적 명주로 육성」. 기획재정부 농식품부 국가경쟁력강화위원회 제16차 회의

_이미지 제공

〈한국콘텐츠진흥원〉 http://www.culturecontent.com/

지은이 소개

원경은

연세대학교 국어국문학과를 졸업했다. 방송작가와 광고대행사 직원을 거쳐 지금은 출판사에서 일하고 있다. 아버지에게 처음 술을 배운 후, 신촌에서 대학 시절을 보내며 도서관보다는 술집에서 노닥거리는 것을 더 좋아했다. 주종을 가리지 않고 즐기며, 마음으로 주는 술은 사양하지 않는다. 그래도 술맛에는 예민한 편이다. 술에 대해 알면 알수록 술자리의 감흥이 남달라지는 매력을 알았다. 아직은 알아야 할 것도, 알고 싶은 것도 많은 게 술의 신비로움이라고 생각한다.

임완혁

성균관대학교 신문방송학과를 졸업했다. 1996년 주류업계에 발을 들여놓은 후 15년째 일하고 있다. 시중에 유통되는 소주, 맥주, 양주, 전통주 등을 평가하고 지원하는 일이 주된 업무다. 업무상 술과 떼려야 뗄 수 없다 보니 술에 대한 관심과 애정이 더욱 깊어졌다. 우리의 좋은 술 문화가 잊히는 것을 아쉬워하며, 좀 더 멋있고 품위 있게 술을 즐겼으면 좋겠다는 바람을 가지고 있다.
「주류산업과 제조물 책임」, 「일본의 주류시장 동향」, 「중국 백주白酒품평회 참관기」, 「중국국제주류박람회 한국관 참가결과」 등의 논문을 발표한 바 있다.

소울 푸드
술과 문화 이야기

ⓒ 원경은·임완혁, 2010

지은이 | 원경은·임완혁
펴낸이 | 김종수
펴낸곳 | 도서출판 한울
편집책임 | 이교혜
표지 디자인 | 정명진
본문 디자인 | 엔드디자인

초판 1쇄 인쇄 | 2010년 7월 12일
초판 1쇄 발행 | 2010년 7월 19일

주소 | 413-832 파주시 교하읍 문발리 507-2(본사)
        121-801 서울시 마포구 공덕동 105-90 서울빌딩 3층(서울 사무소)
전화 | 영업 02-326-0095, 편집 02-336-6183
팩스 | 02-333-7543
홈페이지 | www.hanulbooks.co.kr
등록 | 1980년 3월 13일, 제406-2003-051호

Printed in Korea.
ISBN 978-89-460-4313-8 03380

*책값은 겉표지에 표시되어 있습니다.